战略化
公共关系

PUBLIC RELATION STRATAGY

桑德拉·奥利弗 著 李志宏 译

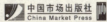

中国市场出版社
China Market Press

图书在版编目（CIP）数据

战略化公共关系/（英）奥利弗著；李志宏译. —北京：中国市场出版社，2008.7

ISBN 978-7-5092-0379-8

Ⅰ.战... Ⅱ.①奥... ②李... Ⅲ.公共关系学—研究 Ⅳ. C912.3

中国版本图书馆 CIP 数据核字（2008）第 083987 号

著作权合同登记号：图字 01-2008-3095

书　　名：战略化公共关系

著　　者：[英]桑德拉·奥利弗

译　　者：李志宏

责任编辑：郭　佳

出版发行：中国市场出版社

地　　址：北京市西城区月坛北小街 2 号院 3 号楼（100837）

电　　话：编辑部（010）68033692　　读者服务部（010）68022950

　　　　　发行部（010）68021338　　68020340　　68053489

　　　　　　　　68024335　　68033577　　68033539

经　　销：新华书店

印　　刷：三河市华晨印务有限公司

开　　本：889×1194 毫米　　1/16　　13 印张　　139 千字

版　　次：2008 年 7 月第 1 版

印　　次：2008 年 7 月第 1 次印刷

书　　号：ISBN 978-7-5092-0379-8

定　　价：36.00 元

战略化
公共关系

Public Relations
Strategy

序：转型中的公共关系

1923 年，爱德华·伯内斯出版了第一本公共关系著作《塑造公众舆论》，公共关系理论研究的序幕也由此拉开。在此后的八十多年中，公共关系的理论研究取得了很大的进展，提出了许多有价值的概念、理论和模型，对公共关系的实践发挥了重要的指导作用。但是相对于公共关系活动的蓬勃发展，这方面的理论建设仍然是非常滞后的，身份合法性的危机也一直困扰着公共关系领域中的每一个研究者及从业人员。例如，1984 年，Ferguson 对前 10 年内发表在《公共关系评论》上面的文献进行了内容分析，结果发现，其中涉及公共关系理论研究的文献非常之少，仅占不到 4%。

不过，这种情况在过去的 20 年中有了很大的改观。2001 年，Sallot 等人沿用 Ferguson 的研究方法，对 1975—2000 年在《公共关系评论》及另外两个核心刊物上发表的 748 篇文献重新进行了分析，结果发现其中有 148 篇（近 20%）文献与理论发展有关；在它们的 142 位作者中，不乏一些我们非常熟悉的名字，例如格鲁尼格夫妇、Heath、Dozier 等。而如果把近年来涌现的各种理论性专著也考虑进去的话，公共关系界的理论阵容就更加庞大了。

值得注意的是，在过去 20 年出现的理论文献中，公共关系的本质和公共关系的角色问题受到了格外的关注。公共关系是组织与其公众之间的关系。以往，公共关系的研究主要集中在三个领域：组织、公众和沟通。对组织的研究侧重于组织文化、结构对公共关系活动的影响；对公众的研究以格鲁尼格的情境理论为代表；对沟通的研究则以格鲁尼格提出的四种公共关系模式为代表。但是近年来，越来越多的学者开始回归公共关系的本质——关系，并据此形成了一个新的研究领域。

1984 年，Ferguson 在前述调查中指出，公共关系理论应该更多地研究关系本身，而不是参与关系的组织或公众，建立以关系为中心的公共关系模型。1993 年，格鲁尼格将关系划分为象征性关系（以符号为基础）和行为性关系（以组织与公众之间的互动为基础），并指出公共关系的主要任务是帮助组织与战略性公众建立长期的行为性关系。1997 年，Broom 等人提出，关系是一个包含交换、交易、沟通等互动活动的过程，可以增强关系双方的结构性互赖，并进一步指出，公共关系既是组织的"先决条件"，也是组织的"最终结果"。1998 年，Kent 与 Taylor 提出了与互联网公众建立"对话式"关系的五种战略。2000 年，Taylor 提出了关系型沟通的三个基本要件：控制、信任和亲密感。同年，Ledingham 与 Brunig 在其新作《作为关系管理的公共关系》一书中，对基于关系及关系建立的研究方法作了深入具体的阐述。2002 年，格鲁尼格明确提出，公共关系的核心概念是关系。他指出，自公共关系诞生以来，从业人员及专家学者就一直在试图通过一个核心概念来阐明公共关系的价值：最早是"宣传"，然后是"形象"、"识别"、"品牌"，最近的新宠则是"声誉"。通过对上述概念的逐一剖析，格鲁尼格最终指出，公共关系的价值只能通过关系来加以阐述，其效果也应该根据关系的质量来加以评价。因为上述概念只有透过关系才能为组织创造价值，而且组织的成败很大程度上取决于它与战略性公众之间的关系——选择并实现后者认为重要的那些正确的目标。他还指出，关系有两种不同的类型：交换型关系（基于利益回报或利益预期）和公益型关系（基于对对方利益的关心、没有对利益回报的预期）。交换型关系是市场营销理论的基石，但对于公共关系却是不够的；公共关系必须尽力在组织与公众之间建立不追求（至少在短期内）回报的公益型关系。

关系管理概念的提出对公共关系的角色提出了新的挑战，因为高质量的关系需要组织与公众之间进行双向对等的互动。这个时候，公共关系部门除了管理组织的沟通信息之外，还要管理组织的行为：充分考虑组织行为对公众及公众关系的影响，并积极引导公众来影响组织的行为和决策，否则关系建立的过程中就将出现一个权力的真空。这就意味着，公共关系的角色必须突破原有的二分法定位：经理和技术人员，使公共关系人员可以从组织决策的源头（即战略）对组织行为进行控制和调节。

近些年来，许多研究者，例如 Broom 与 Dozier（1986 年）、Dibb 与 Vancini（1996 年）、Bronn 与 Olson（1999 年）、Moss 与 Green（2001 年）纷纷指出，公共关系人员应该更多地参与组织的战略制定、战略决策，为高层管理人员提供战略性建议，并提出了一些新的角色及角色分类，例如"高级建议者、经理、技术人员"、"高级经理、操作经理、技术人员"、"思考型、管理型、操作型、教育型"等。格鲁尼格 1992 年也提出，公共关系应该同时在组织的微观、中观和宏观三个层次上进行。2002 年，他还进一步指出，公共关系要想真正为组织创造价值，必须具有战略管理职能，而不能仅仅具有战略"通讯"职能。

2003 年，Steyn 提出了一个新的角色分类："战略管理者、经理、技术人员"。这里的所谓"战略管理者"角色是一个宏观层次的概念，是从最高管理层、社会、外部环境的角度理解和看待公共关系的结果，所体现的是一种自外而内的战略管理理念。它要求公共关系人员站在企业战略的高度去获取和处理信息，为组织的战略发展提供决策依据。"战略管理者"角色不仅将公共关系的贡献明确置于战略的层面之上，同时也向公共关系人员提出了新的挑战，即必须培养和锻炼战略性思考的能力。

译者认为，关系意识与战略意识的兴起，标志着公共关系理论的一次重大的范式转型，对公共关系的研究与实践产生了并仍将产生极其深远的影响；而且，这个转型是更高层次的范式转型的产物。首先，通讯技术的高速发展带来了沟通范式的转型。随着电脑、互联网等先进技术在商业及社会生活领域的广泛应用，人们在沟通活动中获得了越来越大的自主权，导致公众的组成结构更加个性化和零散化，媒体及媒体行为也相应地向"小众化"和"自组织化"的方向发展，从而使得公众内部、组织与公众之间的关系更加复杂、更具动态性。在这种情况下，沟通活动无法继续停留在信息"传递"、"传播"的层次，而被迫走向"对话"与"交往（communication 的本意）"；其目的也由"说服"与"影响"转变为"学习"与"建立伙伴关系"。

其次，竞争的白热化和全球化以及沟通的复杂化和动态化，使得战略管理范式发生了转型。竞争使得组织活动的时空格局发生了重大变化，从而使模糊性、不确定性成为组织内外部环境的主导性特征：在空间上，竞争对手无处不在，竞争与合作之间的分野日趋模糊；在时间上，过去的经验无法依赖，现时的状况难以把握，未来的趋势不可预料。而沟通则使得组织与环境之间的边界日趋模糊和虚化。当初，公共关系进入现代组织之后，曾经使得组织不必再面对整个环境，而是以公众或关键公众来加以替代，从而在组织与环境之间构筑起一条明确的、可以控制的边界。但如今，这条边界正在逐渐变得模糊，而且越来越难以控制；一条由关系或公共关系构筑而成的模糊的、互动的边界逐渐取而代之。在这种情况下，传统的以经验为基础、以预测为指导、由内而外的理性的战略管理范式开始受到越来越大的挑战，战略管理的重心开始由中央走向边缘，一种全新的以关系为基础、以理解为指导、由外而内的"非理性"的战略管理范式开始出现。本书所介绍的"非常规管理"模式就是一个很好的例子。新范式在思想方法上超越了传统的预测科学和控制理论，转而采用更具开放性的复杂性科学、混沌理论和自组织理论；在最终目的上则主张组织与环境的共同演进，而非单纯的控制与适应。

　　综上所述，译者认为，公共关系理论乃至整个公共关系领域在过去的 20 年中经历了或正在经历着一场革命性的范式转型。这场转型的核心是关系和战略，特点是"务虚以致实"。《道德经》有言："埏埴以为器，当其无，有器之用……故有之以为利，无之以为用。"关系与战略看似虚无缥缈、难以捉摸，却可以为组织在错综复杂的不确定环境中开辟出一个生存、发展的空间。

　　桑德拉·奥利弗博士是一位享有盛誉的公共关系专家，现任英国泰晤士大学专业研究学院教授、英国公共关系协会（IPR）公共关系研究生学位导师。她曾先后担任过英国天然气公司及英国 Courtauld 公司的媒体高级主管，而且还是两家世界性专业期刊《企业沟通》及《公共事务》的编辑。这本《战略公关》就是她多年从业经验和研究成果的结晶。

　　奥利弗博士的这本著作围绕目前公共关系学术界的一些重大争论议题，为我们描绘了一幅范式转型中的公共关系的全景式画面。它以组织与内外部公众之间的关系为出发点，以公共关系的战略性质为主线，通过对公共关系及相关领域的众多理论成果（如公共关系模型、战略管理模型、利益相关者模型、战略联盟模型、公共关系伦理模型、领导力模型、价值链模型、关系营销模型、传播模型等）深入细致地分析，阐述了公共关系对组织总体战略及相关职能战略（如人力资源战略、市场营销战略）的贡献。它不仅揭示出了公共关系与战略管理在基本哲学上的统一性，而且展示了公共关系作为一种关系管理模式的前景。

　　除此之外，本书还有三个鲜明的特色：

（1）理论完整——从元理论研究的角度出发，沟通相关理论领域，精选最具代表性的学术成果，加以深入的分析和阐释；

（2）案例生动——本书所选案例均为国际公共关系协会1999年"全球最佳金奖（GWA）案例大赛"的获奖精品，内容翔实，行文生动，与正文部分严谨深邃的理论阐述相映成趣；

（3）结构开放——本书集众多研究成果于一身，使读者可以多角度切入、开放性思考，最大程度地汲取书中所蕴含的理论营养。

我国的公共关系事业在近二十多年从无到有，走出了一条引进吸收与自主创新相结合的道路，无论在理论建设、专业教育还是在职业实践领域，都取得了丰硕的成果。但是从总体来讲，这方面的学术研究和理论探索仍然不够深入；甚至有学者认为，如果去掉"公关"二字，我们的公共关系知识体系可能就所剩无几了。译者相信，这本《战略化公共关系》将有助于国内广大读者更好地了解西方国家当前的研究现状，捕捉最新的理论动向，深化对公共关系领域的理解。

最后需要特别说明的是，由于本书涉及很多国外前沿的研究成果，译者水平有限、时间仓促，虽经查阅大量资料，错谬疏漏之处仍在所难免，还望读者及学界、业界专家多多批评指正。

译　者

导言：公共关系是一种战略行动

如今，一场关于战略性公共关系的"本质"的讨论正在公共关系学术界如火如荼地进行着，本书就是从一系列鲜活的对话中产生的。思想的激烈碰撞必然会产生出很多智慧的火花，后者又为知识体系的建立提供了新鲜的原料。任何学科都必然会具有一定的战略意义，公共关系自然也不例外。和管理学一样，它更多的是一门艺术而不是科学，但有一点是可以肯定的：随着电子商务的兴起，不仅公共关系理论和实践已经发生了不可逆转的改变，新一代职业经理人（不论其供职于内部职能部门还是外部咨询机构）需要的"营养"也将发生巨大的变化。

公共关系业目前正处于发展过程中的一个转型阶段，对这门学科的范围和边界的认识还有很多有待澄清的地方。尽管公共关系作为一门独立学科的地位已经得到了普遍的承认，但是世界各地的很多大学还根本没有设立这个专业，即便开设专业也只是将其归入市场营销、影视研究或媒体研究系，作为其中的一个研究方向来对待。当然，我们还应该看到，随着信息时代的来临，上述这些交叉性和综合性学科也开始面临着更加复杂和更为严峻的局面，因此高等教育体系自身也正在进行积极的变革。从这个意义上讲，"知识时代"可以说是为公共关系学科提供了前所未有的发展机会。但尽管如此，那种在其他已经"登堂入室"的学科面前"等而下之"的感觉，仍然时时刻刻困扰着那些正致力于公共关系研究的人们。

大学为学生的学习规划了明确的路线，并设置了明确的指标来测量每一阶段教育（知识）和培训（技能）的成效，直到特定的学习成果已经实现，才会给他们提供一个奖励（文凭）。就一般的管理类学科而言，这个特定的学习成果就是对该学科的理论概念和战术技巧的全面掌握。

公共关系本质的问题在从业人员中间也引发了激烈的争论。争论各方大致分为三个派别。其中一派认为，公共关系职业的未来发展应该将重点放在实用的、战术层面的知识上面；另一派主张从管理学思想中汲取营养；最后一派则主张双管齐下。

有关本质的争议甚至在本书的结构安排中也有体现，即如何合理安排技巧性内容在全书篇幅中的比重，这也是一个非常有趣但又颇费思量的问题。

本书对近几年随着电子商务和互联网络的发展，在战略管理领域出现的大量理论和模型做了简要的整理。工商业的全球扩张不仅使公共关系管理再次成为众人瞩目的焦点，而且也使人们对于它在企业经营中的地位，以及它和企业其他主要职能之间的关系有了更为清晰的认识。

战略化
公共关系 *Public Relations*
Strategy

　　从实际的操作层面上来看，大多数在企业内部从事公共关系工作的专业人员都已经认识到，他们完全可以胜任企业提出的那些策略性任务，例如媒体关系、交易展示会和公共宣传、内部和外部出版物（包括图像、声音和影视材料）的制作、年度报告等。然而，他们在董事会那里却仍然难以得到重视。之所以出现这样的情况，是因为董事会成员总是（单独或集体）提出一些让他们感到头疼的问题。要想很好地回答这些问题，他们必须对企业的经营战略有所了解、有所认识，而不仅仅是对公共关系战略或沟通战略。

　　作为一本声称将从战略的高度探讨公共关系问题的书籍，从理论上讲，本书完全可以假设，对于该领域的各种技术性或操作性知识读者已经了解，无需再加赘述。比方说，公共关系专业的学生首先必须拿到英国公共关系协会的初级认证（IRP Foundation Diploma），然后才能考取英国公共关系协会的专业认证（IRP Diploma），而公共关系战略是专业文凭的重点考核内容之一。但问题是，除了学生之外，还有为数众多的从业人员，他们虽然可能已有多年的职业经历，积累了丰富的技术知识，但对战略性公共关系仍然比较陌生，甚至心存敬畏，因此纯粹理论化的阐述只会让他们望而却步。

　　为了解决这一矛盾，本书进行了折中处理：在讨论有关的战略性问题的同时，在每章后面都安排了一个大案例，读者可以通过对它们的讨论来思考战术性的问题。同时，为了方便读者的阅读和理解，在开始对战略性公共关系在企业宏观管理中的作用进行深入分析之前，本书将首先介绍公共关系的众多不同的定义。

桑德拉·奥利弗　博士

1

不"只"是关系：
管理背景下的公共关系战略

Not 'just' PR: public relations strategy
in a management context

从职能到战略

     1994 年，英国公共关系协会（IPR）在所有协会会员中间进行了一次德尔菲调查。调查要求各个会员（既有专家学者也有从业人员）提出自己认为进行公共关系研究必须具备的前提条件。调查结果显示，大多数成员认为，首要条件是确定公共关系的测量和评估标准，其次则是准确定义"公共关系"（PR）这个术语的含义。对于任何一门正处于发展过程中的学科而言，可靠而有效的研究都是它走向成熟的必经之路。但定义的问题如果还没有解决，那么理论、模型、技巧和战略就只能停留在抽象概念的层面。不过，定义一个术语确实是一件极其困难的事情。难道不是吗？谁能够用一个简单的语句清晰地概括出所有类型的会计或法律工作的本质特征呢？

　　现在许多企业在为重组后的公共关系和公共事务部门命名时，开始更多地使用沟通管理一词，而不是原来的公共关系。之所以会出现这种情况，是因为公共关系这个术语和管理一样，人们可能更多的是在有问题发生的时候才能真正体会到它的确切含义，而不是一切正常的时候！对于公共关系的职能，以及在组织中实现这些职能所需要的各种技巧，从业人员一般都了如指掌。本章将要讨论的则是公共关系的战略问题，即公共关系如何通过与所有利益相关者的沟通影响企业的经营战略。不过，在开始讨论这个话题之前，我们有必要先定义一下什么是战略。

什么是战略

　　J.L.汤普森（1995 年）把战略定义为实现目的的一种手段："这里的目的指的是一个组织的意图和目标。组织作为一个整体有一个总的战略，它的每项活动也都有一个竞争性战略。而职能战略则是竞争性战略的基础。"贝内特（1996 年）把战略描述为"组织为实现其使命而选取的方向"。明茨伯格则指出战略一词的五种使用方法：

- 计划 (Plan) ——具有明确目的的行动方案；

- 计谋 (Ploy) ——为了战胜对手或竞争者而采取的特定的策略；

- 模式 (Pattern) ——系列历史行为的共同模式；

- 定位 (Position) ——确定组织在特定环境中的位置的方法；

- 观念 (Perspective) ——看待世界的总体方式。

他同时认为，这五种使用方法是相互联系、密不可分的，并在自己的各类著述中不断强调，他的读者应该透过战略的这五种用法，努力尝试从不同的角度去审视企业及其行为。而对于那些善于思考的企业内部公共关系人员，他们平日所从事的职业控制活动就是这样一个探索和尝试的过程，而且他们很快就会意识到：

- 公共关系重大决策会影响组织在未来若干年内的目标；

- 公共关系决策的执行需要大量组织资源的支持；

- 公共关系决策是非常复杂的，必须考虑公司层面、业务部门层面和其他利益相关者层面的具体情况，考虑组织内部诸多部门之间的相互影响和相互作用。

本书中出现的一些词汇是学术界和业界人士经常使用的管理学术语。我们这里对它们分别定义如下：

- 愿景——对组织的功能（任务）或观点（理念）的书面概括；

- 使命——组织的根本意图，也是企业战略的基础；

- 战略——组织借以实现其使命的方法或手段；

- 政策——制定决策时必须遵循的正式或非正式的基本原则或规定；

- 目标——对于较长时期内组织必须达到的状态所作的概括的、可测量的陈述；

- 目的——短期之内的具体目标；

- 宗旨——目的与目标的综合，是组织的中长期目标或远期展望；

- 战术——为实现短期目标而采取的决策与行动。

战略决策通常发生在公司、部门和具体业务三个不同的层次。当然，各个组织的具体情况会有所不同，例如小企业的部门战略往往就是公司战略，而卫生部的核心战略决策则是由中央政府直接作出的。

组织内部不同层次之间的沟通战略必须做到相互协调。由于战略决策的不同层次往往得不到足够的认识，因此公共关系人员的任务就是要确保组织上下协调一致，即如英国政治家 Peter Mandelson[1] 所说的"保持统一口径"。不过，这并不是说组织内部不同层次的沟通都必须"千篇一律"或"众口一词"，尽管这个词在新闻记者和内阁竞选人们的百般渲染下，经常会给人以这样的联想。

---

[1] Peter Mandelson 是英国工党的公关大员，策划和组织了 1992 年和 1997 年的工党大选，被称为将"抬轿作风（spinning）"引入英国的第一人。他主张进行严格的新闻管理，要求本党所有发言人在接受媒体采访时必须保持统一的口径——每位工党议员在对外正式发表言论之前，都必须利用随身配发的传呼机与工党沟通中心联系，接受相关信息、建议和指令。——译者注

网络三角形

本书将集中讨论公共关系战略的三个主要领域：（1）企业沟通战略（包括公共事务、政府关系、企业声誉等问题的管理）；（2）内部或人力资源战略（包括员工、管理人员、领导者及其他利益相关者的关系的管理）；（3）整合营销沟通战略。这些是当今欧美公共关系学术界公认的三个主要的研究方向。同时，它们对于从业人员也很重要，可以帮助他们更好地监督和评估公共关系政策与计划。

本书还将讨论多媒体以及新技术环境下的公共关系战略。在 21 世纪的今天，这也是一个不容忽视的问题。

定义

英国公共关系协会（IPR）在 20 世纪 80 年代中期之前对公共关系的定义是这样的："为建立和维持一个组织的商誉及其与各个公众之间的相互理解而进行的有计划的和持久的努力。"在这个定义中，"有计划的"、"持久的"这几个词的使用，以及将公众表达为复数，都暗示出了公共关系的战略本质。

其他的定义也都清楚地表达出了公共关系的战略意义。下面列出了几个常见的定义，其中的关键词分别用粗体标了出来：

公共关系是对一个组织内部以及该组织与其外部公众之间的**所有沟通活动**的管理。其目的是使**公众**更好地了解该组织。

公共关系是对一个组织具有重要影响的**所有关系**的管理。组织必须随时根据所处环境确定最为重要、需要优先予以注意的**公众或潜在公众**。

公共关系是对组织声誉的管理。它要求组织了解公众对自己的认知情况，并将自己的绩效表现告知所有相关公众。它的任务是为组织创建应得的声誉。这种声誉来源于组织的绩效，它不一定是对组织有利的，却是组织应该得到的。

主要公众

英国公共关系协会指出，公共关系活动中有八类基本公众或主要利益相关群体，组织必须利用所有可以利用的工具和技巧与它们进行沟通，以增进它们与组织之间的相互理解：

1. 社区、组织驻地附近的居民或受到组织行为影响的人群；

2. 员工、管理人员及他们的工会组织；

3. 顾客（包括过去的、现在的和将来的）；

4. 原材料及非财务类服务的供应商；

5. 金融市场（包括股东、银行、承销商和投资者）；

6. 分销商、代理商、批发商和零售商；

7. 潜在的雇员、咨询人员及代理公司；

8. 舆论领袖，尤其是电台、电视台、印刷媒体和其他媒体的专业人员以及各种行动主义者[1]（包括游说人士和压力团体）。

公共舆论对组织有着不容忽视的影响，而且随着互联网的兴起，这种影响力还在日益增强。事实上，公共关系这个职业从最初诞生的那一天起，就已经认识到了与所有利益相关者建立合乎公共道德的关系的极端重要性。爱德华·伯内斯早在 1923 年就曾经说过："我坚信，公共关系咨询为我们生活的这个世界所能作出的最大贡献，就是去唤起公众的良知。"时隔 80 多年后的今天，英国公共关系协会依然秉承这样的思想，并将其融入它所制定的职业行为准则之中。

沟通整合

要想讨论公共关系战略，就不能不提到整合沟通这个重要概念。前面说过，沟通活动的协调一致并不意味着沟通内容必须千篇一律。

[1] 行动主义者是指"为了影响其他的公众而组织起来的两人以上的群体"，常运用教育、妥协、策略性劝说或强制力等手段，其最终目的是对组织的行为施加影响。——译者注

但是, 公共关系的基本任务之一就是确保沟通信息和口径的整体协调, 使其在任何情况下, 即使有重大事件、意外、危机发生的时候都能恰当地 (即以组织所希望的方式) 反映组织的真实面貌和意图。与此同时, 沟通信息还必须根据不同目标公众的特点进行创造性的调整, 以确保能够为后者理解。Nicholas Ind 曾于 1997 年指出: "沟通战略必须从明确的 (最好是可以量化的) 沟通目标出发。其最终目的则是实现一个超越所有具体沟通目标的整体性沟通定位。而这种定位需要根据对公众的具体分析来确定。" Ind 同时认为, 公共关系的职能就是提高组织的知名度和美誉度。"公共关系在可控性方面不及广告, 但是它传递复杂信息的能力和它的可信度要优于广告, 因为通过媒体公共关系活动获得的新闻报道能给人一种中立的感觉。此外, 公共关系具有很大的灵活性, 因而定位特定媒体和特定公众的能力也更强。"

这就要求, 公共关系战略必须解决如何将所有相关的沟通活动融为一体的问题。就目前而言, 实现这一目的最实际、最有效的方法就是根据对公众或利益相关者的分析来设计公共关系活动。正如要想推销东西就必须了解有关顾客关系的理论和实践一样, 要想达成 "相互理解 (不一定非得是认同)", 公共关系人员就必须首先搞清楚各个公众或利益相关群体需要知道什么、分别由什么样的人员构成。"掌握了这些情况之后, 再制定组织的沟通战略, 然后在一个整体性的沟通定位的框架下, 确定对各个特定公众的沟通目标。这样不但可以避免沟通过程中出现混乱, 例如传递给股东的信息与传递给顾客的信息相互矛盾, 而且还可以保证沟通信息之间的相互

协调。这种从公众开始、由外向内的分析方法可以帮助组织全面、准确地设计它的沟通体系。"

语义问题

公共关系与市场营销有很深的渊源，因为它的很多定性、定量研究工具都是从后者那里借鉴过来的。但是这种共通也给公共关系研究带来了一些语义上的混淆，而且这种情况在过去10年间表现得尤为突出。例如，有些营销专家（如科特勒等，1999年）就将公共关系定义为："通过获得有利的宣传，树立良好的企业形象，应对（或反击）不利的传言、报道和事件，与企业的各个公众建立良好的关系。"这些学者将公共关系视为一种促销工具，并认为营销公共关系的前身是公共宣传，"即通过在媒体上获得不付费的新闻报道，以促销一个企业或它的产品"。当然，他们也承认，公共关系不仅仅局限于顾客公众的范畴之内，还包括媒体关系、新闻界关系、产品公共宣传以及游说、咨询等技巧和工具——在这一点上，他们与公共关系学者们看法一致。

从战略的角度来看，这种观点其实是把公共关系降格为了营销战略下面的一项战术。尽管营销战略有时也可能与企业战略有所关联，但是公共关系与企业战略之间有着直接的联系，这一点上述定义却没有予以体现。诚然，战略和战术都会影响组织在不断变化的外部环境下的决策制定，但前者是中长期的计划，后者则更多是短期的。而公共关系的任务是管理一个组织与其众多公众之间的关系。

10

而且，近年来宏观经济学和环境管理方面的很多研究也指出，公共关系战略应该集中于企业或组织的宏观层面，不能仅仅着眼于企业的利润，而必须将社会责任纳入判定企业成败的评价标准之中。组织在制定战略、政策时，除了要考虑自己在本国经济生活中发挥的作用、在全球或本国市场上的地位之外，还必须为公共关系咨询和公共关系活动留出一席之地，因为任何组织都不能忽视那些影响其经营活动的环境因素，即与该组织或其所处行业相关的社会分层、社会福利、政策、技术、政治、法律、法规等因素。

公共关系实践

战略管理模型通常都很强调 "内外" 平衡兼顾，即将企业使

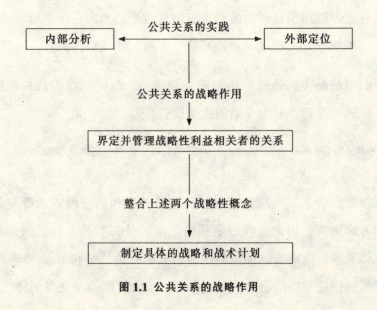

图 1.1 公共关系的战略作用

战略化
公共关系 *Public Relations*
Strategy

命与外部环境因素结合起来加以考虑。战略管理工作一般包括以
下内容：

1. 确定企业的使命及基本陈述；

2. 描述企业的现状，了解企业自身的条件和能力；

3. 评估企业的外部环境，包括竞争态势和一般背景；

4. 进行交互式机会分析，即根据企业现状与外部环境之间的匹
   配情况，发现尚未利用的潜在机遇；

5. 识别有效机会，即根据企业使命对各种可能性进行筛选；

6. 根据利用这些有效机会的需要，确定长期目标和大战略；

7. 根据长期目标和大战略，确定年度目标和短期战略；

8. 通过运用预算划拨的资源，以及选配恰当的任务组合、员工、
   组织形式、技术和激励系统，实施上述战略性决策；

9. 对战略实施的效果进行审查和评估，以此来作为选择控制方
   式的基础，并为今后的决策提供反馈信息。

资料来源：Pearce 和 Robinson（1982 年）；转引自格鲁尼格（1992 年）

    在制定公共关系战略的时候，媒体关系和沟通模式选择是很重
要的考虑因素。因此，在制定战略之前，公共关系人员必须首先分
析媒体关系，选择自己期望的沟通模式。格鲁尼格和 Hunt 曾就沟通
模式问题作过专门的研究，并提出了一个分析框架（见表 1.1）。

表 1.1 四种公共关系模式

特点	模式			
	新闻代理/宣传模式	公共信息模式	双向非平衡模式	双向平衡模式
目的	宣传	散布信息	科学说服	相互理解
沟通性质	单向；不追求完全真实	单向；注重真实性	双向；效果不对等	双向；效果对等
传播模式	发送者→接收者	发送者→接收者	发送者→接收者 ← 反馈	团体→团体 ←
研究	很少；新闻剪报统计	很少；可读性测试、读者群调查	形成性（过程性）研究；态度测评	形成性（过程性）研究；理解度测评
代表人物	P. T. 巴纳姆	依维·李	爱德华·L. 伯内斯	伯内斯，教育工作者，专业精英
当前使用范围	体育行业，影视行业，产品促销	政府，非营利性协会，企业	竞争性企业；代理公司	受管制的企业；代理公司
当前使用比例	15%	50%	20%	15%

资料来源：格鲁尼格和 Hunt (1984 年)

　　格鲁尼格等人（1992年）指出，美国企业中50%使用公共信息模式，20%使用双向非平衡模式，而仅有15%使用新闻代理/宣传模式或双向平衡模式。当然，这些模式并不是相互排斥的，企业可以在一次公共关系活动中使用所有这四种模式。但这并不是说同时使用所有模式，而是说依据活动不同阶段的不同需要灵活选择不同的模式。此外，格鲁尼格和他在国际商业传播者协会（IABC）[1]的同事（1992年）经过研究还发现，高品质的公共关系沟通只能通过双向平衡模式获得，而平衡模式的核心就是对反馈进行高品质的管理。

反馈

　　从心理学的角度看，沟通与人的感知有着密切的联系，沟通活动只有通过感知才有可能发挥作用。因此，反馈信息中包含着有关接收者对某一信息的反应（即感知）的数据。过去，公共关系人员一直非常强调通过反馈来获得知识和情报。这一点现在依然非常重要，但是随着电脑辅助软件使用的日益普及，感知受到了越来越多的重视。

---

[1] 格鲁尼格是美国马里兰大学的公共关系学教授。1985年，他接受国际商业传播者协会（IABC）的赞助，进行了一项长达10年的名为"卓越公共关系与沟通管理"的长期研究。研究者们深度访谈了来自英国的321个组织（其中包括跨国企业、政府机构、金融机构、学会、行业协会等），目的在于探讨公共关系对组织有什么贡献，如何更好地利用公共关系提高组织的效率。——译者注

什么是反馈？

韦伯词典对 "反馈" 的定义是："回到某一行动或过程的起点对其进行评估或校正的行为。" 转换成一般的管理学术语，我们可以这样去理解：反馈可以为企业管理人员提供有关各个利益相关者行为和活动的计算机化的信息。由于这种信息所反映的是利益相关者的日常感知，它对于沟通活动的分析、评估和调整有着非常重要的作用。

反馈信息可以从两个方面获得：一是一般沟通活动的受众，这类活动旨在帮助企业沟通管理人员了解各个公众的关键行为；二是定制沟通活动的受众，这类活动通常以一组特定的行为或特定的利益相关者为目标。

如何获得反馈信息？

反馈调查问卷和反馈报告通常包括两个方面的内容：频率和重要程度。频率是指调查对象对企业沟通管理人员使用某一特定行为的频繁程度的感知。重要程度是企业沟通管理人员对某一特定行为、信息或活动的重要性的评价。

标准反馈报告一般由两个部分组成：即对每个行为逐一进行打分和按照重要程度得分列出 "十大最重要行为"。

如何利用反馈信息？

反馈在公共关系领域主要有三个方面的用途。首先，它可以用于组织调查，以确定一个企业所采取的行为在多大程度上符合或有助于改变自己的文化。其次，它可以用于一对一咨询，即通过获取自下而上或横向的反馈意见，使企业可以在处理与新闻记者和（或）员工的关系问题上，弥补高层管理者想当然的自上而下的观点所带来的种种缺陷和不足。最后，它可以帮助企业制订有针对性的培训计划，以提高管理人员在那些已经暴露出问题的工作领域的沟通表现。对这些问题沟通领域的研究工作通常需要经过拟定调查纲要，制订工作计划，数据搜集、分析、评价等几个阶段。由于各个利益相关者在语言、信念、价值观、态度、审美趣味、教育水平、社会地位上都存在着文化差异，获取反馈信息对于提高研究工作的质量是十分重要的。

公共关系是很难用一句话简单地加以概括的。不仅中小型企业要使用它，就连那些大型的跨国企业也离不开它，而这些企业的预算有时比很多第三世界国家的政府预算还要多。Baskin 等人（1997年）这样定义公共关系：

公共关系是一种旨在帮助组织实现既定目标、确定经营哲学、促进组织变革的管理职能。公共关系人员的任务是与组织内部和外部的所有相关公众进行积极的沟通，与它们建立良好的关系，从而确保组织目标与社会期望相协调。公共关系人员要负责制定、执行和评估公共关系活动，以促进组织各部门与公众之间的相互沟通和相互理解。

公共关系理论

公共关系研究需要用到许多的理论。它们可以大致归纳为以下几种类型：

1. 关系理论：

　　（1）系统论——评价一个系统的各个组成部分之间及它们与整个系统之间的关系。

　　（2）情境理论——情境决定关系[1]。

　　（3）冲突管理方法——将人与问题相隔离；将注意力集中于利益而非职位；提出创造性的双赢方案；始终坚持客观性原则。

2. 认知和行为理论：

　　（1）行为聚合理论——通过理解人们的思考模式来理解他们

---

[1] 情境理论由格鲁尼格于 1968 年提出，是公共关系学中公众研究的重要理论之一。该理论认为，沟通行为的主动性取决于人们对某一问题或情境的主观认知，不同的情境认知会产生不同程度的沟通行为，从而产生不同种类的公众，如行动型公众、被动型（或冷漠型）公众等。——译者注

的行为[1]。

(2) 社会交换理论——根据感知的报酬和成本来预测群体和个人的行为[2]。

(3) 扩散理论——人们接受一个重要思想或创新需要经过五个不同的步骤：知晓、兴趣、评估、试用、采纳。

(4) 社会学习理论——通过信息处理方式来解释和预测人们的行为。

(5) 精细加工可能性模型——决策过程受到信息重复次数、奖励以及代言人可信度的影响[3]。

---

[1] 该理论认为，人的行为是根据储存在长期记忆中的"程序性记录"建构起来的。所谓程序性记录，是指人从以往经历中总结出来的一些"在……时候，如果……那么……"的经验性规律。在进行某一行动之前，人脑会根据这些记录所对应的情境与当前的目标状态的契合程度，以及各自近期的使用频率有选择性地"激活"它们。这些被激活的程序性记录就聚合而成一定的行动计划。——译者注

[2] 该理论认为，人的行动以他们所期望的报酬为动机，但同时也要付出一定的成本。如果所预期或感知的报酬多于所预期的成本，人们一般就会乐于做出这样的行动。所谓报酬，可以是爱、金钱、地位、物质、知识等；所谓成本，则可以是时间、精力、冲突、责难和得到其他报酬的机会。——译者注

[3] 该模型认为，沟通信息的作用过程存在两条路线：中心路线与边缘路线。如果受众对沟通信息很感兴趣或认为其很重要，他就会选择中心路线，对信息进行深度即精细加工，通过理性的评价来达到态度转变并作出决策。如果受众没有深度加工的动机，他就会选择边缘路线，通过沟通信息的一些边缘线索（如音乐、代言人等）来对信息作出判断，然后据此进行决策。对于这类受众而言，沟通信息的重复次数、边缘线索的吸引力等对于沟通效果有着重要的影响。——译者注

3. 大众传播理论：

(1) 使用与满足理论——受众是主动的媒体使用者，并根据媒体满足自身需要的程度来选择媒体。

(2) 议程设置理论——受众看到的和听到的媒体内容具有为社会公众设置讨论和互动议程的功能[1]。

在应用上述理论的过程中，公共关系人员最容易发生混乱的地方就是品牌形象的日常管理。企业形象与产品品牌形象有着同等的重要性。在塑造形象的过程中，营销人员所使用的传播渠道与公共关系人员使用的渠道是完全相同的，所使用的媒体也大同小异。而且，塑造产品品牌和塑造企业形象的原理也基本一致，即通过让受众知晓并获得一个明确界定的感知，为企业赢得竞争优势或社会优势（有关品牌形象的问题我们将在第 3 章做更进一步的讨论）。

权力控制与公共关系

战略性公共关系实质上是一种宏观层次上的权力控制机制，它的核心就是图 1.2 所示的双向平衡沟通模式。

---

[1] 该理论认为，大众媒体具有一种为公众设置"议事日程"的功能；它通过在信息传播活动中赋予各种议题不同程度的显著性，可以影响或强化受众对周围事件及其重要性的判断。与"使用与满足理论"相比，它更强调大众媒体"构造"新闻事件和作为舆论领袖的作用。——译者注

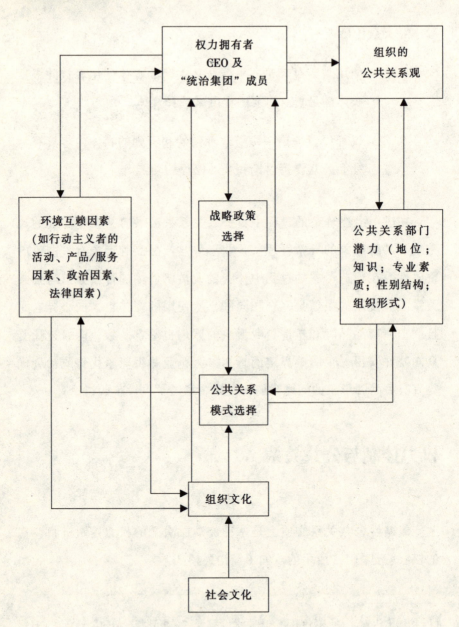

图 1.2 影响公共关系模式选择的因素

资料来源：格鲁尼格（1992 年）

　　企业内部公共关系人员在工作中大多都深有体会, 作为咨询人员, 他们很少能够对公共关系活动中的战略性决策或选择作出最终的拍板。这些通常都属于"统治集团"的权力范围。尽管影响战略性公共关系模式选择的因素有很多, 组织行为学中的权力控制理论认为, 那些在组织中掌握实权的人在选择公共关系模式时, 必须综合权衡各方面的因素, 而其中有很多因素是处于职能部门视野之外的。过去人们认为, 企业应该为内部公共关系人员在董事会安排一个职位, 以便他们能更好地影响董事会的决策制定过程。但在现有的竞争环境下, 这种设计必须满足一个前提条件, 即这个公共关系人员必须在环境管理 (即对组织经营环境的管理)、组织行为和组织沟通方面具有相当丰富的经验和非常高超的技巧。

　　图中的"公共关系观"[1]假定, 公共关系在一个组织中占有主导地位。但是正如图中箭头所示, 公共关系观"是统治集团的观点、公共关系部门的潜力和组织文化共同作用的产物" (格鲁尼格, 1992 年)。从"环境互赖因素"到"权力拥有者"的箭头表示"管理者的权力来源于他们所掌握的可以帮助组织管理重要的环境互赖因素的能力和知识"。从"权力拥有者"到"环境互赖因素"的箭头表示"至少在一定程度上环境是统治集团的主观感知"。从"公共关系模式选择"到"环境互赖因素"的箭头则暗示"公共关系的战略管理与组织绩效之间有着非常密切的联系"。最后两项则揭示了"社会

---

[1] 格鲁尼格与 White (1992 年) 提出, 公共关系界存在着两种不同的"公共关系观": 平衡式的和非平衡式的。前者主要有以下特征: 相互依赖、开放系统、动态平衡、重视创新等; 后者的主要特征则是: 内部导向、封闭系统、重视成本胜于重视创新、精英主义、保守主义。——译者注

文化、组织文化与卓越公共关系之间的关系"。

公共关系与组织文化

  组织文化是由统治集团，尤其是组织的创始人或 CEO 创造的。如果其他管理人员的价值观和意识形态与组织文化存在巨大的差异，他们将无法获得其应有的权威。与此同时，组织文化也会受到更大范围内的社会文化以及环境的影响。组织文化对公共关系的影响是长期的，主要表现在它可以塑造公共关系观，进而影响组织内部的公共关系模式的选择，而这些模式将决定组织进行沟通管理和沟通控制的基本方式。如果组织的文化是被动式的、等级制的，强调权威的作用，统治集团通常就会选择一种非平衡的公共关系模式。而且，它会拒绝接受公共关系专家的意见，因为这些人过去通常都被认为缺乏战略意识，所以他们的看法自然也就没有多大价值。组织文化对公共关系战略的这种影响集中体现在公共关系活动的评估过程中（见图 1.3）。

公共关系研究

是艺术还是科学

  现在公认的大多数管理理论都是在对大量管理实践进行了系统、

	评估内容		
	准备过程	实施过程	实施效果
个性化	根据内部专业人士确立的质量标准准备沟通活动	根据大众媒体专业人士的反应来评估沟通讯息的传播活动	根据对公众反应的主观、定性 "感觉" 评估公共关系活动的效果
科学化	根据以科学手段获得的有关公众的信息准备沟通活动	根据对媒体采用情况的定量测量来评估沟通讯息的传播情况	根据对公众反应的客观、定量测量评估公共关系活动的效果

图 1.3　公共关系评估的内容及方法

资料来源：Dozier。转引自格鲁尼格 （1992 年）

深入研究的基础之上建立起来的。而缺乏坚实的研究基础则是长期困扰公共关系理论发展的一大障碍。尤其是如何评测公共关系活动效果的问题，多年来始终没有得到很好的解决。

不过这种情况如今有了明显的改观，一种更为科学的评估方法开始出现了。这要归功于媒体研究的长足发展，尤其是受众研究工具和技术的不断丰富以及技术手段的日益成熟。它们为战略性公共关系活动的评估，进而为公共关系预算的审核，提供了非常重要的信息。图 1.3 所示的 Dozier 模型提供了一个概念性矩阵。通过这个矩阵，公共关系人员可以利用主观性或客观性标准对他们活动的效果进行评估。

评估和研究对于巩固战略性公共关系体系在组织中的地位有着非常重要的意义，而且这种重要性如今还在不断地增加。通过对公

共关系活动的评估，公共关系人员可以系统地搜集、记录和分析有关组织形象、识别、声誉的信息以及所有关心组织的成功或发展的利益相关者对组织的感知。例如，公共关系人员在评估过程中会对广告效果、媒体效率和企业形象同时从内外两个角度进行研究。

近年来，随着信息来源（如政府统计数据、企业目录、专业书籍、国际数据、专业期刊、网络数据库等）的大量增加和更易获得，公共关系战略决策的整体水平正在不断提高。与此同时，行业调查以及其他调查（如态度调查、实地调查和访谈）的总体质量也有了长足的进步，这也从另一个方面为提高决策质量提供了更好的保证。由于组织的利益相关者包括很多不同的类型，而且其中既有个人也有团体，这方面的工作内部公共关系人员通常会外包出去。

但是，作为一名专业的公共关系人员，你应该认识到，你可以在公共关系战略的制定和实施过程中扮演一个重要的角色，因此你不能把自己的评估技能仅仅局限于公共关系的职能领域。你还应该认识到，在成功的企业当中，组织结构时刻都处于变化之中；而且通过与运作部门、外部市场和咨询机构的接触，公共关系人员随时都在评估新的情况、了解新的知识，因此战略的制定其实是一个随时都在进行、随时都在变化的过程。在公共关系会议、研讨会和论坛上面，通过与竞争企业、供应商和客户代表的交谈，公共关系人员往往可以"由下而上"地发现一些具有重要意义的战略性变革的先期预兆。然而，大多数企业的公共关系人员在遇到这种情况时经常会自问：我们的任务就是处理好此时此地所发生的事情，何必去关心战略制定、战略实施这些更加长远的问题呢？

造成这种局面的原因在于，沟通战略的问题往往要等到经营战略得到董事会或其他高层管理人员的首肯之后，才会被提上议事日程。而沟通战略的实施有时则直接交给下面的操作人员，同时又没有明确的指示。这种"自上而下"的方法往往会导致公共关系所能作出的贡献被大大忽视，致使他们所掌握的关于外部环境的变化的知识以及通过与环境中各个利益相关者的沟通互动所获得的知识，失去了在组织中的用武之地。

综上所述，我们可以得出结论：从战略的层面上看，公共关系对组织的影响是全方位的，因此，能否获得组织高层的一致参与是决定公共关系活动成败的关键因素；从战术或操作的层面上看，最关键的因素则是能否获得精通各项公共关系技术的专业人员，以及能否对这些知识和技术进行有效的协调和管理，尤其是在制定决策的时候；此外，战术决策还必须符合组织的战略目标或经营目标。

本章小结

本章首先定义了公共关系这个基本概念，然后结合企业战略制定过程，阐明了它的战略本质，最后详细介绍了它在组织中扮演的角色和实际的工作内容。

案例研究：巴西阿波罗奥斯运输公司

(CAT，Centrais de Apolo Aos Transportes）[1]

本案例经国际公共关系协会（IPRA）惠准使用

概述

1997 年，该公司接受委托，在巴西圣保罗州 Paulinia 市设计、建造了一个危险货物集散中心（hazardous local terminal），并负责中心的日常管理。此项工程的目的是遏止进入当地 Replan 炼油厂的运油卡车在周边道路上违章停车的现象，减少由此带来的危险。集散中心建成之后，为了鼓励卡车司机们使用它，CAT 公司发起了一场公共关系运动。

这个案例为前文中提到的许多观点提供了有力的佐证：

- 获取众多利益相关群体的反馈信息对于公共关系战略的制定与实施十分重要；

- 公共关系战略可以为公司节约可观的成本；

- 媒体关系的作用不仅仅限于解决公司最初面临的问题；

- 公共关系运动相对于广告运动具有明显的优势；

---

[1] 该案例被评为国际公共关系协会 1999 年 "全球最佳金奖（GWA）案例大赛" 提名奖第七名。——译者注

阿波罗奥斯运输公司

问题

Paulinia 市位于圣保罗州较为偏远的地区，距州首府所在地圣保罗市 114 千米。Replan 炼油厂就设在该地。该厂每年加工的石油副产品占全国总加工量的 20%。厂区附近有 Shell、Esso、Texaco、Ipiranga、BR 等众多经销商设立的服务中心，为各地前来的运油卡车补充燃料。

这些运油车的载油量在 20~40 吨之间，车轴数量三根或六根不等。它们进入 Replan 厂区的时间不定，而且秩序非常混乱。每天都有约 1 800 辆这样的满载危险燃油的卡车停在横贯该市的 SP—332 号高速公路的路边。事实上，为了加油方便，它们可以说无处不停，除了 SP—332 号高速公路，在 Paulinia 市内的各条道路旁也可以随时看到它们的身影。每辆车在加满油离开之前，平均需要在这里等待 6 个小时。

违章停车给当地社区和当地环境带来了极大的危险。它不仅导致了很多高速公路的交通事故，而且经常造成交通阻塞，还使路面频遭污染。更重要的是，它还严重地威胁着当地的地下水资源。此外，等候加油的卡车司机也得不到任何基础设施的保障。他们不仅随时都可能遭到抢劫和勒索，而且连最起码的保健、休闲和健身服务也享受不到，甚至无法与各自的家人进行联系。

1994 年，1882 (94) 号市政法正式实施。该法规定：所有的石油副产品运输车辆，不论是否加载，都只能停在专用的危险货物集散中心内，集散中心应建在经销商自己的场地或承运商的停车场地之内。此外，驾乘人员还必须遵守该法律作出的各种安全规定。

经过公开招投标，阿波罗奥斯公司（CAT）最后赢得了兴建 Paulinia 市危险货物集散中心的合同。该集散中心于 1997 年 7 月建成并投入使用。它可以同时容纳 558 辆卡车，而且完全符合市政法的各项安全法规。

同时建成的还有一个卡车司机服务中心。该服务中心可以为在此等候的司机提供休息、休闲、卫生保健、餐饮和通讯方面的设施和服务。整个项目投资约为 1200 万美元，可以为当地提供 120 个工作岗位。

然而，在开业后的最初 6 个月中，卡车司机们并没有使用这个集散中心。同时，当地的市政监管部门也没有采取任何强制性措施来要求他们遵守 1822 (94) 号市政法。1998 年 2 月的停车量仅为 66 辆。当时集散中心已雇佣了 90 名员工，为了挽救这一项目，同年 3 月，CAT 公司聘请了一家公共关系公司——Assessoria de Comunicacoes (ADS)，希望它为自己设计一场公共关系运动。

研究

ADS 公司的咨询人员首先征求了有关专家的意见，同时将 Paulinia 市的情况与其他市和其他国家的同类情况进行了比较。最后，他们找出了几个主要问题：

- 该项目在实施过程中没有预先对卡车司机进行宣传和动员；

- CAT 公司在与经销商的接触过程中没有表现出任何建立合作伙伴关系的意识，而只是一味地暗示如果对方不使用集散中心将会面临的各种罚款，以此来威胁对方；

- 集散中心所选取的名称——Paulicentro，给人的印象是，这只是一个卡车停车场，而不是什么危险货物集散中心，这就使得司机们错误地认为，它只是市政府提供的一种便民措施，对他们并没有什么强制力；

- 开业后的第一个月内，为了宣传，集散中心推出了所有服务"全部免费"的优惠政策。这进一步强化了司机们原本就有的将获得免费服务的错误预期。

咨询人员还对卡车司机进行了一次调查，结果发现他们拒绝使用 Paulicentro 主要出于以下几个原因：

- 收费太高——在那里停留 6 小时要花 18 美元，而把车直接停在高速公路路边一分钱都不用花；

- 管理人员态度恶劣；

- 餐饮价格比路边大排档整整高出一倍；

- 他们认为它只是一个普通的停车场，不应收取任何费用；

29

● 他们觉得呆在一个很难找到其他司机的巨大而空旷的集散中
心里，会给人一种落单的感觉。

计划

根据以上分析结果，咨询人员认为公共关系运动的重点应该放
在以下几个方面：

● 市及州监管部门必须认真履行自己的职责；

● 公司必须向司机们解释清楚，集散中心并不是额外添加的一
种无理收费项目，而是一项旨在改善他们自身生活质量的措
施，同时也是保护 Paulinia 社区的需要；

● 当地新闻媒体是公司的天然盟友，公司应该充分调动它们的
力量来推动这场公共关系运动；

● 最后，公司必须努力促进承运商与经销商之间的对话与交流。

ADS 公司同时认为，最理想的情况是，整个运动在上述几条战
线上同时展开。这样就可以产生一种滚雪球效应，从而最大程度地
克服各方面存在的阻力。

实施

1998 年 4 月，ADS 公司策划的这场公共关系运动正式拉开了序

幕。集散中心的名称由 Paulicentro 改成了危险货物集散中心 (Hazardous Loud Terminal)。通过学习，中心员工也认识到了提供热情友好的服务，创造一个轻松愉快、宾至如归的环境的重要性。餐厅开始实行促销价格，每份餐饮仅收 3 美元，这样卡车司机们在这里也可以享受到与高速公路路边的那些大排档相同的优惠价格。

1998 年 6 月举行的世界杯足球赛为展示集散中心的新形象提供了一个绝佳的机会。咨询人员向司机们发放了大量的传单，邀请他们到卡车司机服务中心来舒舒服服地观看巴西队的各场比赛，并承诺在比赛的这些天里为他们提供免费的停车服务。尽管咨询人员同时也认识到，即使增加了停留在集散中心的卡车数量，也还是无法让司机们真正获得轻松自在的感觉，因为他们以往一直习惯于和众多亲朋好友一起来欣赏精彩射门集锦。

咨询人员挑选了一名资深记者，也是当地最大报纸的前任总编担任公司的游说大使，由他负责给新闻界做工作。他的加盟增强了公司对外沟通的可信度。最终，他成功地说服了新闻界，使他们认识到集散中心确实是 Paulinia 市唯一有能力妥善安置危险货物运输车辆的地方。于是当地报纸纷纷撰文，表示坚决支持这一项目。此前，ADS 公司一直在各种公开场合警告说，Paulinia 的地下水资源可能会遭到污染，但它的行动却始终得不到新闻界的配合。现在，这些话成了各种新闻报道的焦点。一时间，Paulinia 市的很多居民都变得忧心忡忡，开始怀疑自己是否一直在饮用受到污染的水。

与此同时，咨询人员还向卡车司机工会开展了宣传活动，重点强调司机的社会责任以及保护所接触社区的重要性。

　　1998 年 4 月，新的全国道路交通管理条例正式生效实施，该条例对各种违章违法行为课以高额罚款。条例宣布实施以后，ADS 公司在 Paulinia 市区树立了很多警示标志牌，告诉卡车司机们，新条例对违章停车的罚款金额相当于在集散中心停留 30 天的费用，而且违章三次将导致他们的驾驶执照被吊销数月之久。同时，ADS 公司认为，有必要与一家大型经销商先达成协议，将它树立成一个榜样、模范，然后由它去带动其他经销商。于是，它用了 8 个月的时间与 Shell 公司的副总裁以及 Shell 公司的两家承运企业的总经理进行谈判。在协商过程中，它代表 CAT 向 Shell 公司的运油车司机提供了为期一年的价格优惠。协议达成后没多久，其他经销商也开始陆续接受了同样的条件。而且这个时候，由于有了 Shell 公司的 450 辆卡车，集散中心的司机数量大大增加，已经足以营造出一种社区的氛围。

　　ADS 公司还以连环漫画的形式制作了一个宣传册发放给社区公众，来解释集散中心的作用和意义。同时它还努力争取社区内各种舆论领袖的帮助，如牧师、法律界人士、社会团体首脑等，并赢得了他们的积极支持。

　　为了让社区公众充分意识到问题的严重性，ADS 公司对发生在 SP-332 号高速公路上的交通事故进行了大量深入的宣传。其他一些过去长期被忽视的问题现在开始成了媒体关注的焦点，而公众在了解到事实真相之后变得更为担心和愤慨。

　　为了加大违章停车的难度，在公共关系公司的建议下，CAT 主动承担了在 SP—332 号高速公路的中央隔离带和路肩临时停车区设置稽查警力的成本。以此为契机，它最终与市政管理部门建立了定期联系。例如，它与 Paulinia 市交通安全管理局达成了协议，对方承诺将加大对各项市政交通法规的执法力度。这样，那些在高速公路附近违章停车的卡车司机们就将受到罚款。但是为了逃避惩罚，很多司机将车直接停在了高速公路的路面上，而后者属于州政府的管辖范围。在 ADS 公司的策划下，Paulinia 市交通安全管理局局长在接受当地电视台的采访时数次公开指责说，他领导的市交管局一直恪守自己的职责，但州交管局却在玩忽职守。这些新闻播出之后，州高速公路交警队大为尴尬。他们出来解释说，自己之所以未能严格执法，是因为没有足够的经费在 Paulinia 市设立一个支队或购置足够的警用车辆。最后，CAT 在征得州交通安全管理局同意的情况下，再次承担了这些成本。

经过与州管理当局长达数月的谈判之后，Paulinia 市的违章停车现象依然没有得到好转：SP—332 号高速公路上的交通事故不但没有减少，反而增加了。这种情况最终促使圣保罗州交通安全管理局局长下决心采取行动。他召集有关各方在 Paulinia 市开了一个会，并给了他们一个最后期限——1999 年 2 月 2 日：必须在此之前确保交通安全法规和环境保护法规得到严格的贯彻执行。

评估

这场公共关系运动的效果从集散中心每月的停车数量上就可以看得出来。1998 年 3 月这个数字为 155 辆，到下一个月就翻了一倍还多（358 辆），到当年 9 月就达到了四位数（1 525 辆）。在州交通

安全管理局介入之前，它一直保持在这个水平；到了 1999 年 2 月，就一跃成为 5 445 辆，在 1999 年 3 月更是达到了 7 349 辆。在短短 13 个月内增幅高达 4 640%！

　　这个当初几乎关张的危险货物集散中心，现在已经完全恢复了活力，而且地位也日趋稳固。Paulinia 市管理当局和社区公众一致认为，假如没有这场运动，这个集散中心早就被关闭了，那些工作也将全部失去，而在当时巴西非常困难的经济形势下，就业机会是非常宝贵的。

　　这场运动为企业提供了一个将自身利益与更广大社区的利益结合起来的机会。它不仅给 Paulinia 市的居民带来了更多的安全感，提高了他们的生活质量，而且挽救了很多生命，并使卡车司机们的生活条件得到了极大的改善。

2

董事会的席位：
公共关系战略的职业角色

*A place on the board: public relations
strategy in a professional context*

公共关系实践的出发点是对公众，即利益相关者的分析和研究。利益相关者需要通过内部和外部沟通获得有意义的信息。公共关系的核心任务之一就是满足这些信息需求，缓解由此对组织产生的压力。然而遗憾的是，组织往往只有到了发生危机的时候，才会重视公共关系人员的作用。之所以出现这样的情况，是因为组织在制定决策的时候只看重事件的客观解释、表面现象，而忽视主观解释、内在趋势；只接受渐进式的变革，而无法对突发事件迅速作出反应；将企业战略视为被动的选择而不是主动的定位。这些问题甚至已经蔓延到了公共关系的战略性决策制定过程当中。

作为一个独立的学科和职业，公共关系也和财会、法律一样，有着自己的知识、程序和规则体系。然而，就像大多数刚刚起步的学科或职业一样，它的理论模型和经验准则几乎全部都是从案例研究和实证研究中总结和提炼出来的。因此，尽管所有的相关著述都在讨论公共关系的各种沟通问题，但它们还是受到了很多批评，被认为过于注重事实的描述，而缺乏理论的创新。

近年来，公共关系研究机构的数量大幅度增加，经营业绩也在不断攀升。越来越多的客户开始注重公共关系活动的投资回报，并坚持要求对公共关系投资进行严格的论证。这些迹象充分表明，人们已经认识到了建立一个具有坚实理论基础的公共关系知识体系的必要性。

前瞻式管理

组织战略管理水平的高低，很大程度上取决于它进行前瞻式管理的能力。所谓前瞻式（proactive）管理，是指组织未雨绸缪，主动迎接外部环境的挑战，而不是消极等待，在外部环境的变化面前被动地作出反应。一般而言，公共关系人员在制定沟通战略之前，都需要对组织面临的压力和问题进行分析，而这个分析过程就是由一系列前瞻性工作组成的：

- 利用组织内部的信息源（如光盘资料库索引）及组织外部的信息源搜集环境信息；

- 根据有关目标公众（如媒体）感知的信息，了解它们对组织所面临问题的各种不同的解释；

- 判断该问题及其解释在多大程度上预示着未来的趋势和变化；

- 了解组织的人力资源（如管理人员与员工）在实现公共关系目标或企业沟通目标的过程中所能发挥的作用。

这些前瞻性工作通常被统称为环境扫描。通过环境扫描，公共关系人员将对组织面临的内部和外部压力进行调查和分析，研究组织所面临的问题，就未来趋势提出看法，并为未来应该采取的行动以及出现危机时的补救措施提出建议。

除了环境扫描之外，公共关系经理还有另外一个任务，即选择组织的沟通政策。这时候可能就需要用到另一个前瞻式管理工具，即图 2.1 所示的 SIDEC 模型（Van Riel[1]，1995）。该模型指出，公共关系经理在制定决策时应该综合考虑以下因素：企业战略、影响企业使命的各个驱动因素、董事会成员的控制力度和控制范围、环境压力的大小。

有些对沟通战略研究持批评态度的学者认为，这类研究很少考虑不同组织在所有权性质、组织形式和组织目标上面的差异。显而易见，私营企业、公益团体和政府机构在维系自身组织存在和实现组织目标的过程中，所采取的方法和策略是存在很大差异的。但是我们认为，这种差异更多地体现在各个组织的文化之中，而不是沟通过程之中。人类沟通行为的基本特征应该是相同的，不过公共关系主管在确定沟通信息的风格以及传播方式时，应该根据所在组织

---

[1] Van Riel 指出，公共关系有两个方面的职能：mirror 和 window。前者即是指监控环境变化并预测它们对组织战略的影响；后者则是指制定和实施一个沟通政策，为组织的沟通活动提供统一的出发点，使沟通信息能清晰地反映出组织的全貌。——译者注

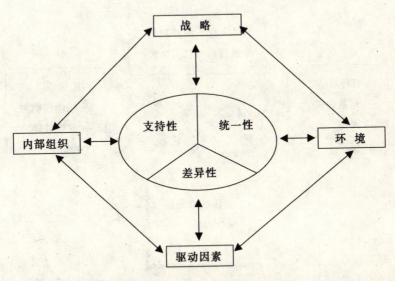

图 2.1   影响沟通政策选择的因素

资料来源：Van Riel（1995 年）

的文化进行灵活的调整。

战略管理模型与公共关系

在所有的战略管理模型当中，最为著名的应该算是 1984 年 Johnson 和 Scholes 所提出的模型[1]。1997 年，该模型经过修正后运用

---

[1] Johnson 和 Scholes 的战略管理模型将整个战略管理过程划分为三个相互作用、相互联系的部分：战略分析、战略选择与战略实施。其中战略分析的内容包括：环境分析、战略能力分析、组织文化分析、利益相关者期望分析；战略选择的内容包括：战略方案的提出、战略方案的评估、战略的选择；战略实施的内容包括：计划与资源配置、组织结构与设计、管理战略变革。——译者注

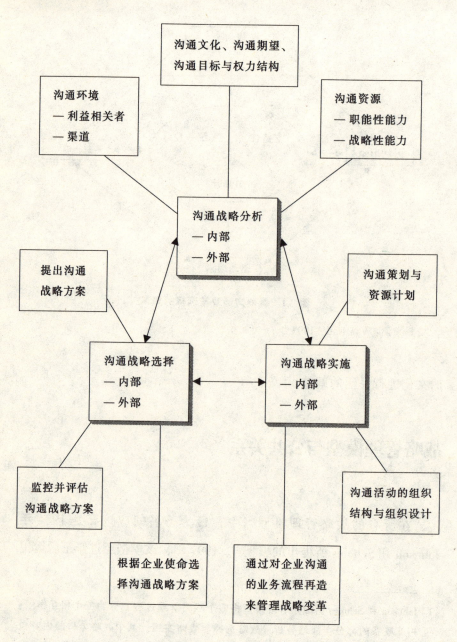

沟通文化、沟通期望、
沟通目标与权力结构

沟通环境
—利益相关者
—渠道

沟通资源
—职能性能力
—战略性能力

沟通战略分析
—内部
—外部

提出沟通
战略方案

沟通策划与
资源计划

沟通战略选择
—内部
—外部

沟通战略实施
—内部
—外部

监控并评估
沟通战略方案

沟通活动的组织
结构与组织设计

根据企业使命选
择沟通战略方案

通过对企业沟通
的业务流程再造
来管理战略变革

图 2.2　运用战略管理模型分析企业沟通活动

资料来源：桑德拉·奥利弗（1997 年）；摘自 Johnson 和 Scholes（1984 年）

到了企业沟通领域（见图2.2）。

这里需要说明的是，该模型本身存在着一些"缺陷"，或者说是容易引起误解的地方。尽管它揭示了战略管理中的各个关键因素，但它所描述的并不是一个从确立使命开始到战略实施结束的线性的过程。不过，凡是有一定实际经验的公共关系人员都知道，战略管理的各个过程很多时候都必须同步进行，而且还必须考虑到资源的有限性和具体实施的可行性。Johnson和Scholes在提出这个基本模型之后，曾经尝试着从人力资源的角度去研究战略问题，以阐明实现有效的战略管理所必须满足的各种战术性要求。例如，他们在《公司战略教程》（Exploring Corporate Strategy）的第三版中加入了一个利益相关者定位图模型（见图2.3），从利益相关者的权力水平和对沟通结果的兴趣大小两个层面来对其进行分类。这显然就带有一些"政治操纵"的意味。不过，这个模型为公共关系人员提供了一个非常有用的分析工具，可以帮助他们确定在某一特定时刻上

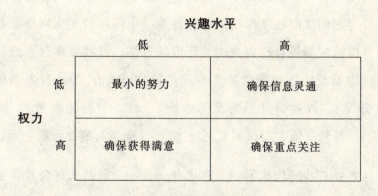

图 2.3　利益相关者定位图

资料来源：Johnson 和 Scholes（1993 年）

需要优先考虑哪些沟通对象。

这一模型告诉我们，尽管使命陈述已经对组织目标作出了表述，而且这些目标已经考虑到了经济利益或社会责任等方面的因素，但利益相关者的沟通期望仍不能总是得到满足。因为这些期望不仅受组织绩效的影响，同时也受到组织所处的外部文化环境的影响。利益相关者对于组织目标的确定有着大小不同的权力，对于运用这种权力有着大小不同的兴趣。因此，利益相关者的目标对未来组织战略的制定有着不同程度的影响。

20 世纪 80 年代，企业再造思潮开始兴起。它要求组织通过反思"我们在做什么"以及"怎样做"，来寻找应对日趋激烈的竞争的新途径和新方法。这是一种系统化的管理思想——不仅仅是要进行分析和简化，而且更多的是要将不同事物联系起来，即进行综合。而要进行综合，Johnson 和 Scholes 认为，就不能不考虑组织文化。为此，他们在 20 世纪 90 年代提出了一个专门用于分析组织文化的模型（见图 2.4）。在该模型中，他们界定了构成组织文化的各个要素，并将它们之间相互作用的总和称为一个组织的文化网络或心智模式，即组织看待自己以及所处环境的方法。这些要素分别是：结构（组织系统中连接重要关系的正式和非正式方式）、权力（核心利益分配）、控制（评估与奖惩系统）、故事（行为规范）、仪式（培训）、符号（语言与识别系统）、惯例（程序与绩效预期）。

这些要素共同构成了一个范式（paradigm）。范式是公共关系变革战略的根本出发点，因为它描述了一组先入之见，即一套人们很少会去质疑的假设，正是这些假设决定着人们看待整个世界，而不

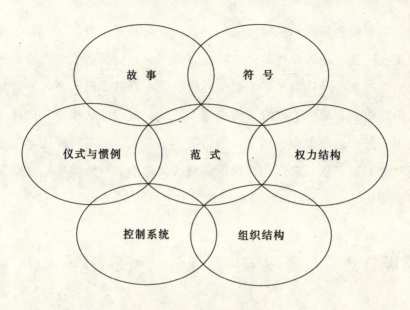

图 2.4 评估公司文化

资料来源：Johnson 和 Scholes（1993 年）

仅仅是组织本身的方法。每过一段时间，原有的范式就会因为受到挑战而发生动摇。这时候，一场范式转型（paradigm shift）就在所难免了。

范式转型，即主导性范式的根本改变，意味着必须重新思考位于人们感知背后的所有基本假设。在这种情况下，所有的教科书就必须重新改写。一般来说，范式转型在商业领域和管理领域中表现得并不明显，不过就战略性公共关系理论和实践而言，由于沟通的数字化和技术的全球化，它的主导性范式可以说已经发生了改变。

组织的各个系统和程序，尤其在媒体关系方面都是建立在一系列基本假设和信念的基础之上的。如今，这些假设发生了变化，而且正在经历一场革命性的范式转型。这种文化变异必然会在组织内部引起冲突，通常情况下，很少有组织会允许其管理人员公开背离或批评组织在战略、政策方面的基本路线，组织的运作方式以及市场经营方式也很少会受到公开的指责。事实上，内部沟通还不断通过时事通讯等形式来强化这种既定路线。然而，质疑并挑战这些金科玉律正是公共关系职能合法性的关键所在。

常规公共关系管理与非常规公共关系管理

　　1991 年，Stacey[1]从组织内部的这种文化变异和由此产生的冲突出发，提出了自己的战略模型。该模型将战略管理分为了常规（ordinary）管理与非常规（extraordinary）管理两种类型。众所周知，现代战略模型都非常重视组织与其环境之间的关系。由于时间流动不息、变化无处不在，这种关系始终处于一种不稳定的状态之中。然而，一个组织要想变化图存，又必须维持一种稳定、统一的格局。为了解决这一矛盾，Stacey 提出了常规管理和非常规管理的概念。这两个概念对于全面理解公共关系在企业战略中的作用有很大的帮

---

[1] Ralph Stacey 是世界著名的组织管理和复杂性研究专家，现任英国 Hertfordshire
　　大学管理学院管理学教授、复杂性与管理研究中心（Compliexity and Management
　　Center）主任。同时，他还是伦敦著名的团体分析研究所（Institute of Group
　　Analysis）的成员以及多所大学的客座教授。他率先将复杂性理论、混沌理论和
　　自组织理论引入了管理学领域，提出了很多独具创见的理论和模型。——译者注

助。因为它们反映了公共关系的基本哲学，即企业的基本信息必须保持稳定和一致（常规管理），同时利益相关者的感知也必须加以监控，以便及时发现可能影响企业目标的感知变化（非常规管理），并据此对信息的内容和形式进行相应调整。

由此可见，战略性公共关系所面临的挑战就在于：不论在什么时候，一个组织都既要拥有一个明确具体的目标和一个统一稳定的局面，以确保组织机构的高效运转，同时还要拥有一个可以让成员畅所欲言、自由发表不同意见的文化，以冲破陈规陋习的束缚，确保组织在变动环境下的持久生存。因为临床心理学告诉我们，建立认知的正反馈循环是非常重要的，它可以让我们及时调整自己的沟通、更新自己的感知，从而将对环境的认知时刻保持在最新鲜、最有效的状态。事实上，格鲁尼格等人所倡导的双向平衡模式其根本要义也就在于此。

公共关系模式和战略的选择是建立在常规管理，即理性原则的基础之上的，但是理性原则的运用必须有一个前提，即组织内部在"做什么"以及"所面对的环境是什么类型"这两个问题上已经达成了一致的共识。Stacey 明确指出，管理人员是在有限理性的条件下工作的。因为现代组织的复杂性决定了，他们只能采用实用主义的方法去进行决策，并接受自己不可能把所有可能性全部构想出来或考虑进去的事实。在传统的组织当中，由于存在着较强的共识，管理人员可以通过理性的决策和控制方式进行常规管理。这种情况下，官僚式的管理模式可以提供处理许多日常决策的规则和程序，从而简化管理人员的工作；等级制的管理架构则可以确保那些难

度很大的决策也能在主流意识形态，即统治集团的路线的指导下作出。

常规管理

从前面的描述中可以看出，常规管理对于组织目标的实现和组织的持久生存是必不可少的。但是它还有另一个前提，即环境比较稳定、变化相对有限。常规管理并不是一个负面的、消极的概念，一个组织要想获得和发挥竞争优势，就离不开这种管理形式。不过，它同时也意味着，这种情况下的公共关系活动是在非平衡沟通的基础上进行的，即组织"在不改变自己的行为或没有任何妥协的情况下得到自己想要的东西"（格鲁尼格和 White，1992 年）。这种非平衡性决定了，组织将很难适应变化的环境，因为它没有认识到，自己与外部公众及其内部员工之间的沟通必须是一个双向的过程。Stacey 这样定义非常规管理的概念（1993 年）：它是"指在开放（open—ended）变化的环境中通过直觉、政治手段和团体学习来制定决策，并以各种自组织（self—organizing）的形式进行控制。如果管理人员想改变组织的战略方向，有所创新，他们就必须采用这种管理形式"。

非常规管理

毫无疑问，单纯采用常规管理方式对于组织而言是非常危险的，但尽管如此，仍然有很多组织对非常规管理存有戒心。个中缘由从下面的分析中就可略知一二。非常规管理要求组织质疑并打破所有旧的范式，并创造出新的范式。这一过程必将充满矛盾和冲突。因为范式的转换是一个革命性的而不是渐进性的过程，而且是组织无法预料和预作准备的。Stacey 指出，组织想要在一个不断变化的环境中生存和发展，这两种管理形式必须同时存在。也就是说，它既要为短期目标的实现提供一个稳定的基础，同时也要为应对环境的变化所需的未来变革创造条件。有些组织没有认识到同时进行非常规管理的必要性，反而将赌注放在了频繁更换首席执行官、聘用咨询人员或者其他一些对组织的问题所知甚少的外部"变革专家"上面。对于这种情况，公共关系咨询人员必须格外小心，因为这类客户可能会在服务条款中加入很多自相矛盾的要求。很多咨询人员可能会说，他们只在客户简报和酬金允许的范围内，做客户所要求的事情，既不多做一分，也绝不少做半点。他们的这种做法虽然从职业的角度来看非常实际、无可厚非，但是并不意味着他们就已经清醒地认识到了，这样的服务条款对于实现公共关系的战略目标，即监控和评估更广泛的环境所带来的限制和障碍。

常规管理的概念对公共关系领域的意义主要表现在组织与主要利益相关者的关系上面。例如：

- 股东——年报。对于大多数股东，都倾向于就财务结果进行非平衡沟通；但是对于那些大型的机构投资者，出于自身利益的考虑，则会进行一定程度的平衡沟通，而且通常会积极听取它们的意见和看法。

- 顾客——在这方面的沟通活动中，市场营销部门往往都扮演着主导性的角色。不过现在，随着所谓的关系营销的兴起，已经有越来越多的组织认识到了平衡沟通对于赢取竞争优势的重要意义。组织开始积极寻求与顾客建立长期的双向关系，并将他们的反馈意见纳入营销战略的制定过程。1995年，Grant 和 Schlesinger 提出了"价值交换（value exchange）"的概念，即一个企业在特定顾客关系上的投资与顾客在该投资的作用下所贡献的收益之间的关系，并指出企业应该尽可能地优化其价值交换，以实现最大的利润潜力。为了实现这一目的，企业必须对顾客的行为予以密切关注。

- 员工——为了实现员工"对某一特定组织形态的接受、认同和适应"，并确保员工拥有与之相同的心智模式或范式，组织内部的统治集团会利用各种不同的渠道与员工进行沟通，例如重复组织公开宣传的使命陈述的招贴画、备忘录、有关纪律方面的管理活动等。这些沟通都有助于公共关系战略的实施。

常规管理与非常规管理的意义

非常规管理的概念在公共关系领域有着十分重要的意义。前面已经谈到，组织要想在不稳定环境下生存与发展，就必须进行非常规管理。但这里我们还需要强调另一个问题，即非常规管理过程的控制只能通过非正式组织来实现。正式组织存在的目的是要保护范式，即维持现状，而那些希望改变这种范式的管理人员只能在非正式组织中采取行动。这些自发形成的、自组织的非正式团体可以应对被正规官僚体制视为大敌的不确定性和模糊性，并为其成员提供一个平台，使他们可以交换各自对于组织现状的看法。Stacey 指出，这些团体的决策与控制行为具有很强的政治色彩。其成员通过说服、谈判、隐性的利益交易以及借由影响力，而非权威获得的权力，来处理所面临的利益冲突。这种非正式系统被称为网络系统，是公共关系人员必须关注的一个领域。它可以与官僚体制和等级结构共存于一个组织之内，但前提是必须得到官僚体系的鼓励和最高管理层的支持。

如果组织把常规管理与非常规管理成功地结合到一起，在维持稳定性的同时创造一个鼓励创新的组织文化，出色的公共关系战略将为企业战略的实现发挥重要的作用。它和组织文化不仅可以帮助组织赢得竞争优势，而且还可以帮助组织规避恶意竞争以及来自压力团体和媒体的负面影响。

引入非常规管理的概念之后，组织内部的非正式团体可能会试图挑战组织的控制系统。因此，必须确保这种"颠覆性"行为不致引起组织控制力的丧失，否则组织所追求的适应能力就只能落空。在非常规管理模式下，制定决策的并不是组织本身，而是组织内部的统治集团，而这些集团是不可能在组织图表面找出来的。不过，它们在制定决策的过程中仍然需要有人为其提供信息（White 和 Dozier，1992 年）。这些人通常就是跨界者（boundary spanner）——

组织内部频繁与外部环境进行接触、并将所获信息传递给统治集团的人们。

视觉识别

文化网络的概念还可以帮助我们更好地理解企业识别。表 2.1 列出了一个视觉识别分步设计模型。

Nicholas Ind 曾指出:

> 企业品牌并不简单地等同于组织的外部表现,即名称、标志等视觉展现形式,而是界定该组织、赋予其独特性的

表 2.1　视觉识别分步设计模型

企业识别	目标	主要任务	方法
环境分析	分析企业形象与顾客印象	确定顾客对企业及竞争者美学表现的感知	企业形象/顾客印象研究
制定美学战略	创造具有视觉冲击力的独特审美印象	选择符合沟通战略要求的风格与主题	风格与主题分类
确定设计要素	根据综合平衡原则实施美学战略	组织并管理实施过程	美学要素综合平衡表
美学质量控制	监控、追踪和调整企业美学表现	评估美学表现效果、进行微调或更新	美学效果追踪调查

那些核心价值观……沟通必须立足于真实，否则就会逐步
丧失其协调性和统一性，进而很快导致受众感知的混乱
……企业与品牌之间的区别在于它们的复杂性程度。企业
越复杂，越具多样性，就越需要同时与多个受众群体进行
接触。企业品牌必须同时满足众多利益相关者的经常是相
互竞争的需求。为了实现这一目标，它必须清晰地表达出
公司的愿景、价值观和领导力。

从上面这些话可以看出，如何变革自己的结构和文化，通过整
合内部沟通与外部沟通，与利益相关者建立起长期互利的良好关
系，已经成为摆在当今大多数组织面前的战略挑战。公共关系的原
则和技术可以运用到所有的战略性职能领域中，可以将利益相关者
细分为不同的目标受众，然后对沟通信息进行监控、测量和控制，
确保其在满足职能目标的同时，维持企业整体沟通的统一性。

沟通在企业使命的具体落实和最终实现过程中发挥着非常关键
的作用，愿景对于企业目标的实现也有着十分重要的影响。之所以
如此，是因为感知是现实的一个变量，而且是一个可以测量的变
量。同样，公共关系计划与战略计划也有着内在的关联。因为它们
不仅有着相同的理论基础，即开放系统理论[1]，而且有一些共通的
硬性管理工具，但并不一定是财务性质的，如附加价值。很多公共

---

[1] 该理论认为，企业是一个处于动态环境之中的开放系统，每时每刻都在通过系
　　统边界与环境交换信息和能源。企业要想获得成功，必须具有很强的战略柔性
　　（适应性）。而这种战略柔性又以非常规管理柔性为主，即企业必须不断地变革
　　自己的结构、程序与系统，与外部环境达到动态的平衡。——译者注

关系人员可能会说，这并不是什么新鲜的说法。他们的贡献虽然重要但却是无形的，所以历来都是从这些因素入手来评价的。然而，现在的情况与以往有所不同：IT 技术的广泛使用给公共关系带来了很多新的能力，这些能力是组织智力资本的重要组成部分，有时甚至可以说是决定组织存亡的关键因素。公共关系专家已经成了董事会的智囊，他们参与搜集、分析、评估、管理和追踪信息，并将其"翻译"成最符合企业整体利益的形式，对组织的管理起着举足轻重的作用。通过增加组织柔性、促进组织变革，他们可以帮助董事会把组织转变成一个灵活机动、锐意变革、终身学习的组织。这样的组织将积极推行双向平衡沟通的公共关系政策，使媒体、政治统治集团等外部公众不仅能够影响组织的战略，甚至还能在特定的时间直接"驱动"组织的战略。

绩效评估

　　和其他职能战略一样，公共关系战略也必须能够通过一系列可以测量的绩效指标来加以评估。图 2.5 给出了一个由八个因素组成的绩效评估模型。该模型是为了建立一项组织公共关系绩效的全国性标准而设计的，并且得到了大量定量数据的支持。

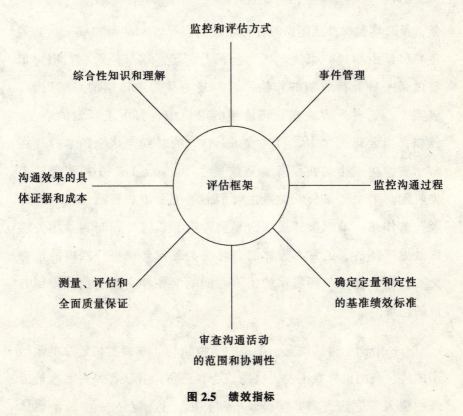

图 2.5　绩效指标

资料来源：Oliver（1977 年）

跨界者

　　前面讲过，统治集团的决策离不开"跨界者"的支持。在组织中，这个重要角色通常都是公共关系专业人员来扮演的。作为跨界者，他们的任务是对其所在组织发出的信息以及外部环境中与组织有关的信息进行"翻译"。他们必须经常为最高管理层提供咨询服

务，帮助其发现自己作出的各种隐性的假设。White 和 Dozier（1992年）曾经引用过一家伐木搬运公司的例子。这家公司一直把树木看做是一种有待收割的作物，而不是一种需要珍惜的自然资源。事实上，这种世界观在公司使用的语言中也打下了深刻的烙印。例如，当公司说"木'材'（strand）"的时候，这个词本身就在暗示着，树木生长在那里就是像麦"秆（strand）"一样等着让人去收割。但是如果公共关系主管们能够充分发挥自己作为"跨界者"的作用，即积极开展双向平衡沟通，确保公司与利益相关者以及更广阔的、通常在媒体的引导下的外部环境进行双向的信息交换，那么公司与环境保护团体之间的潜在冲突就会预先得到有效的化解。

另一个例子讲的则是一个地方政府机构。掌握实权的左翼政治团体从自身的世界观出发，可能认为自己所辖社区都是一些生活困窘的穷人，这些人需要获得救济和补助。然而，另一个政治团体（例如右翼团体）则可能认为社区成员都是一些满腹怨言的纳税人，这些人被议政税，即地方税搞得不堪重负，对于自己的钱流向那些无需缴纳议政税的穷人深恶痛绝。在这种情况下，公共关系的任务就是一方面增进统治集团对现状的了解，改变它原有的简单的、片面的看法，另一方面让社区内的地方纳税人了解贫困群体的实际困难。

前景规划

公共关系人员在进行环境扫描，即寻找可能会对组织造成影响的战略性因素的过程中，必须对未来予以格外的关注，尽管做这件事可能具有相当的难度。组织如果不能及时注意到未来变化的种种先兆，就无法预见在这些变化背后隐藏的潜在威胁，从而使自己陷入被动挨打的局面；或者无法发现在它们背后潜藏的发展机会，致使竞争对手捷足先登。在现实生活中，这样的例子可谓比比皆是。McMaster（1996 年）指出，从过去无法预测未来，因为这根本就是不可能的事情。组织所能做的只是通过分析现在的结构和过程去发现未来的结构。所谓未来的结构，指的是一个复杂系统在不断适应外部环境的过程中内部呈现出的一组关系，例如组织与技术或其他影响组织所在环境的外部因素之间的关系。McMaster 强调说，尽管未来的诸般细节是不可能预测的，但未来的结构还是可以预见的。而要获得这种预见，首先要穿越"广阔的可能性空间（vast space of possibility）"。因此，组织必须对这一过程进行管理。为了说明预见管理的重要性，McMaster 提出了 3M 公司的例子。不论什么时候，新产品在 3M 的产品系列中始终都占有一个相当高的比例。这些产品的出现，不仅仅是因为员工个人的预见，而且更多地要归功于一个始终鼓励新产品创新的设计和管理文化。换句话说，在 3M 公司，组织本身就是创新的源泉。

在制定战略之前，组织通常都要先对环境进行一次系统的分析，即外部因素分析。目前这方面流行的分析模型都是建立在 PESTLE 分析基础之上的，即将外部环境视为政治、经济、社会、技术、法律和生态六个因素共同作用的产物。但是这类模型往往倾向于作过分静态的分析，而不利于对组织的未来前景进行积极的展望。

有形资本和无形资本

然而，不论什么样的未来前景，最终毫无疑问都要依靠资源来实现。所以，建立以资源为中心的思维模式就有着非常重要的战略意义，因为所有的利润归根结底都可以视为对企业控制和拥有的资源的一种回报。资源可以分为两种：有形资源和无形资源。对于每一类的有形资源，通常都有一些关键指标，即测量其价值大小的方法。而无形资源则不然，它们从来不会在资产负债表上出现。即便企业已经认识到它们的价值，也很难对其进行客观的测量。我们知道，公共关系人员经常苦于无法找到测量其无形"贡献"的硬性指标。究其原因，就在于这些贡献属于无形资源的范畴。有时候，企业在进行并购的时候，也会对无形资源的价值进行推算，但也只是笼统地将账面价值与购买价格之间的差额归为商誉的价值。例如，那些口碑良好的知名品牌名称的价值通常就是这样去测算的。

从这个意义上讲，英国公共关系协会对公共关系所作的定义，即"为建立和维持一个组织的'商誉'及其与各个公众之间的相互理解而进行的有计划的和持久的努力"现在就不够用了。商誉必须得到测量和解释。近年来对企业识别、形象和声誉的研究评估工作有了很大的发展，其原因也正在于此。Brooking（1996 年）指出，企业资源是由有形资产和智力资产两个部分组成，而智力资产又分为市场资产、人才资产、基础结构资产、知识产权资产四种类型。与此同时，Quinn 等人（1996 年）也指出，专业知识有四个不同的层次：认知性知识、高级技能、系统性理解和自主创造力，其中自主创造力是专业知识的最高层次，要求专业人员具有极高的自我激励水平和非凡的适应能力。Petrash（1996 年）则把 Dow 化学公司采用的智力资本管理模式概括成了一个公式：

智力资本＝人力资本＋组织资本＋顾客资本

同样，我们在某种程度上也可以说：公共关系战略＝企业沟通（外部沟通）＋内部沟通（人力资源沟通）＋营销沟通（顾客沟通）。在 Dow 化学公司，有超过 75 个跨部门的智力资产管理团队专门负责对公司的专利资产进行审查。每个团队都配有一名智力资产经理，由其进行领导和协调，后者再由智力管理部门统一领导。此外，公司还专门设置了一个智力管理中心为他们提供各种服务，例如数据库支持、职业发展计划以及成功经验分享，等等。综上所述，我们可以看到，Dow 化学公司所采用的是一种资源驱动的战略管理模式。也就是说，它已经认识到了，真正可持续的竞争优势来源于公司现在的和将来的战略性能力，而要想获得这样的竞争优势，就必须首先去发现自己的这些战略性能力。而公共关系战略的长期性和复杂性也正表现在它必须随时对企业环境的各种变化作出

反应，而且往往需要公共关系人员去发现现在和未来的有待填补的沟通差距。

联盟的挑战

如今，战略联盟已经成为一种越来越重要的组织运作形式，而与战略联盟有关的公共关系活动也逐渐成为战略性公共关系管理的一个重要领域。战略联盟既可能是不同组织在无法进行并购的情况下以相互持股，即各自拥有对方的一小部分股份的形式实现的联合，也可能仅仅是原本势不两立的竞争对手之间的有限度的合作。不过，无论联盟以何种形式出现，其成员之间的关系都会成为财经媒体争相关注的焦点。这种联盟不只是那些巨型组织的专利。任何一个组织，无论规模大小，都不可能获得在全球化市场中运作所需的全部技能和竞争优势，因此通过与其他公司合作来填补这些缺口将是它必然的选择。联盟的类型有很多，包括许可证贸易、合资办厂、特许经营、自有品牌协议、长期购销协定，以及建立共同标准和行业公会。而要想成功地实现战略联盟，组织就必须有一个明确的意图和目标，而且整个过程必须按计划进行严格管理，以确保组织不会丧失对联盟的控制力。这个时候，公共关系战略的任务就是要防止参与联盟的组织因媒体负面报道的冲击而失去控制自己命运的能力。

战略联盟的寿命是一个非常有趣的研究课题。曾经有学者指出，日本企业很少会派出自己最优秀的科学家和工程师去参加通产省（MITI）赞助的合作项目，而 IBM 在与富士公司就自己新开发的一个庞大的软件在特许合作事宜开始谈判之前，首先在日本建立了一个专用实验室以供对方进行测试。这些企业之所以这样去做，其目的都是为了保护自己的技术资源，以防它们在联盟过程中流失或泄漏。Brouthers 等人（1995 年）提出了战略联盟的一系列指导原则：技能的互补性（complementary）、文化的协调性（cooperative）、目标的相容性（compatible）和风险的对等性（commensurate），即所谓成功的国际战略联盟的 4C 要素。Eugler（1992 年）则绘制出了 Philips 公司的联盟网络图（见图 2.6）。他的研究为理解企业形象、识别和声誉提供了一个全新的视角。

所谓战略，实质上就是一个竞争模型，其目的在于提升组织对股东的价值。其中，剥离和兼并也是很重要的战略选择方案。在这类并购活动中，公共关系战略人员的参与对于提升股东价值有着非常重要的作用，尤其是在并购决策的制定、并购后的整合以及资产剥离过程中。

近年来，全球经济增长的速度有所减缓，甚至还有倒退、逆转的苗头。受这种趋势的影响，为了实现股东价值的最大化，越来越多原本热衷于并购的组织开始走上了精简和收缩的道路。与此同时，日趋波动的环境也迫使组织将研究与开发列为其重要的战略方案之一。过去，研发工作，尤其是在英国更多地被视为一种成本、而不是一种投资。研发开支也和公共关系开支一样，在严格的成本—收益分析面前饱受限制。然而，如今的组织战略最需要考虑的

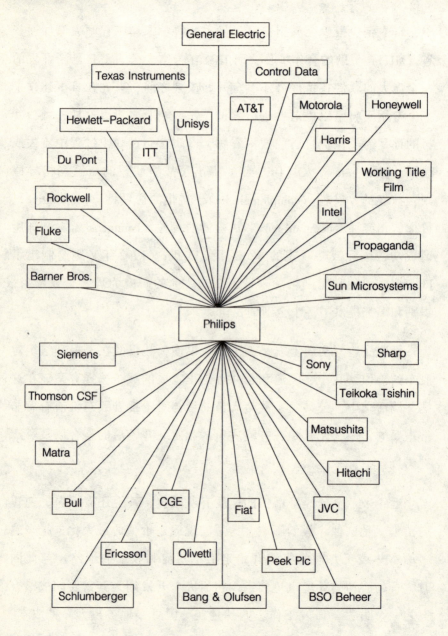

图 2.6 Philips 公司的战略联盟网络

资料来源：Eugler（1992 年）

是如何将很多重要职能，如公共关系"外包"出去，从而达到减肥瘦身的效果，因此创新能力已经成为了组织无法忽视的重要问题。在这个问题上，组织除了战略联盟之外，还可以采用另外一种方法，即建立虚拟企业（Chesborough 和 Teece[1]，1996 年）。

伦理道德

伦理道德问题不论对于战略性公共关系的理论还是实践，都有着非常重要的影响。英国公共关系协会制定的职业行为准则就是对公共关系中的伦理道德问题的全面反映，而利益相关者理论则是分析这一问题的重要工具（见表 2.2）。

近年来，沟通专家和公共关系人员在调停仲裁、冲突解决和关系发展或人际沟通改善活动中的参与日渐增多。在这种情况下，Clifford Christians 和 Michael Traeber[2]（1997 年）提出了一个普适性的

[1] 这两位学者于 1996 年提出了一个"官僚机制—市场机制"连续体（Hierarchy-market continuum）模型，即综合性企业—事业部制企业—合资企业—企业联盟—虚拟企业。他们认为，传统的综合性企业处于连续体的最左端，代表极端的官僚体制，而虚拟企业处于最右端，代表一种纯粹按照市场规则安排的组织结构。在这五种组织形态中，虚拟企业的创新能力最强；而战略联盟虽然较前三种形式更有利于创新，但同时也为创新设置了一些限制。——译者注

[2] Clifford Christian 是著名的沟通伦理研究专家。1997 年，Christians 和 Traeber 通过对来自 13 个国家和地区（包括日本、中国台湾、南非、尼日利亚、德国、波兰等）的材料分析，提出"生命的神圣性"是一个普遍性的元道德规范（protonorm），而这个元道德规范又决定了三个超越所有文化差异的基本道德准则：尊重、讲真话、非暴力。——译者注

表 2.2　组织对利益相关者的责任

利益相关者		责任	
1	顾客	经济责任	赢利能力
			有竞争力的产品
			顾客所在企业的生存
			产品质量
		道德责任	诚信
			尽可能用最好的产品和服务
			满足顾客需求
		自愿承担的责任	长期经营
			职能改善
2	员工	经济责任	工作和收入
		法律责任	工会
			遵守有关解聘的法律规定
		道德责任	良好的工作环境
			稳定性和安全感
			提供发展机会
			诚信
		自愿承担的责任	教育
			辅助性活动和利益
3	竞争者	道德责任	提供真实信息
			在营销和定价活动中恪守公平原则
			拒绝有失公正或公平的活动
			遵守游戏规则
			良好关系
		自愿承担的责任	在行业性问题上保持合作

续表

利益相关者		责任	
4	所有者	经济责任	资产/投资回报率
			投资安全性
			现金流最大化
			偿付能力
			利润
		道德责任	充分的信息
5	供应商	经济责任	数量
			赢利能力
		道德责任	诚信
		自愿承担的责任	长期、稳定、可靠的关系
6	社区	经济责任	税收
			就业
			影响贸易差额
		法律责任	遵守法律法规
		道德责任	行为正直
		自愿承担的责任	支持社区活动
7	政府	经济责任	税收
			就业
			影响贸易差额
		法律责任	遵守法律法规
		道德责任	行为正直
		自愿承担的责任	支持社区活动
8	金融机构	经济责任	赢利能力
			投资安全性
		道德责任	充分的信息

续表

	利益相关者	责任	
9	环保组织 （如环保团 体压力）	法律责任 道德责任 自愿承担的责任	遵守环保法规 环境良好性 保护环境 产品回收再利用 积极的环境管理
10	新闻媒体	法律责任 一般责任 自愿承担的责任	遵守法律（如隐私保护法） 遵守《信息发布指导方针、 　　行为规范及伦理声明》 提供内部网网页和聊天室

沟通伦理理论。所谓普适是指，这一理论超越了文化差异，而且不仅仅局限于大众媒体沟通的范畴。他们认为，伦理道德规范是由整个社会共同拥有的，组织应该以它为基础来建立自己的行为准则。Christians 和 Traeber 还指出："一些元道德规范，尤其是说真话、公正待人、互助友爱、尊重他人，在很多不同的文化中都被视为沟通活动的核心价值观。"最后他们说道："人类从来没有停止过对生命终极价值的追寻，没有了这种绝对的价值，人类的所有行为都将失去意义的归依，沟通也不例外。"

　　伦理道德目标需要通过一定的手段来实现。每个组织都必须设计自己的实现伦理目标的手段，并在使用之前通过研究预先对它们进行测试。这些问题在设计前面介绍过的绩效评估框架的时候就应该考虑进去。Kirban 和 Jackson（1990 年）强调指出，前测（Pretest）

"可以让公共关系人员对沟通战略的实施效果作出可靠的估计"。同时他们警告说，仅靠直觉去进行沟通是非常危险的，组织应该在科学研究的基础上制定出既具创意又严谨周密的决策。实际上，早在十多年前，William Ehling 教授（1985 年）就已经发出过类似的警告。当时他就曾指出，如果没有研究的支持，公共关系就会沦为一种技术性行为，而丧失其管理的意义和职能。这样的公共关系是不完整的，同时也是有缺陷的。他还从伦理价值的角度出发，将公共关系定义为："一种决策制定和问题解决活动，其主要任务是选择并描述组织或团体将要达到的目的状态，即目标、目的，然后设计、策划和实施高效而适合的手段，即行动方案、战略，以达到或实现这一目的状态。"

墨西哥宣言

1978 年，世界公共关系大会在墨西哥城召开并通过了一项《墨西哥宣言》（Mexican Statement）。《宣言》中称：公共关系既是一门艺术，也是一门科学。其任务是分析趋势、预测后果，向组织领导人提供咨询，并策划、实施一系列对组织及其公众同时有利的行动。

在前面介绍的英国公共关系协会的定义中，关键词是"有计划的"、"相互的"和"各个公众"；而在《墨西哥宣言》的定义中，关键词则是"研究"、"分析"、"提供咨询"和"同时"。第一个定

义强调了对公共关系进行计划的必要性，并指出公共关系不应该是一个单向的沟通过程。它同时还通过使用复数的"公众"说明，组织拥有不止一个公众。

《墨西哥宣言》的定义则强调，在进行任何的计划之前，必须首先做好一些别的工作。也就是说，它将对外部环境的被动式反应排除在了公共关系的范畴之外。同时，它还明确指出，公共关系具有咨询的职能。公共关系人员，不管是内部职员还是外聘专家，应该为组织高层管理人员提供意见和建议，并向他们强调维护公众利益的重要性。

从消极到积极

将公共关系与宣传区分开来是非常重要的。宣传有可能是一种故意歪曲事实或误导公众的行为。而公共关系要想取得成功，就必须做到公正客观，而且必须采取双向的和动态的沟通形式，因为公共关系沟通的最终目的是要让组织与公众就相关事实达成相互理解，即便双方此后在组织政策或意识形态方面依然存在分歧。例如，组织经常会面对很多负面的批评。这种情况下，组织就需要设法将公众的消极感知转化为积极态度。Jefkins（1993 年）提出，所谓的消极态度有四种状态：敌意、偏见、冷漠和无知；所谓的积极态度也有四种状态：理解、接受、兴趣和了解。他指出，在处理外部负面信息的时候，公共关系人员应该从态度转化的角度入手，对公众的消极态度进行具体的分析，然后有针对性地采取行动，将敌意转化为理解，将偏见转化为接受，将冷漠转化为兴趣，将无知转化为了解。

本章小结

　　本章首先从决策制定、环境扫描、冲突管理和组织文化几个角度对公共关系战略进行了分析，然后又通过对智力资本管理和战略联盟的分析，讨论了组织的短期任务（实现经营目标）和长期任务（完成企业使命）各自对公共关系战略提出的要求和带来的挑战。这些分析为公共关系战略勾勒出了一个更加广阔的图景，即作为一种非常规管理模式，战略性公共关系可以促进组织结构和组织文化的变革，在获得良好的沟通效果的同时，实现伦理道德目标，引领组织走向卓越。

案例研究：澳大利亚 Suncorp-Metway 银行[1]

本案例经国际公共关系协会（IPRA）惠准使用

概述

1998 年，澳大利亚昆士兰州政府决定出售它手中持有的 Suncorp-Metway 银行的 45% 的股份。为了避免出现认购不足的情况，它同时决定聘请一家公共关系公司为其设计并实施一个投资战略。州财政部希望通过这次出售股份的决定，同时满足众多相互冲突的利益需求。

- 这场公共关系运动提升了公众在短期内对这支股票股价的信心，并帮助政府减少了更长时期内股价异常波动的风险；

- 它使用了大量的公共关系手段和技术来进行环境扫描、冲突管理和政治利益平衡；

- 它同时对公众起到了一个教育的作用；

- 它为州政府与众多需求彼此冲突的利益相关者的沟通创造了重要的条件。

---

[1] 该案例被评为国际公共关系协会 1999 年 "全球最佳金奖（GWA）案例大赛"
第九名。——译者注

Suncorp–Metway 银行

问题

公司概况

1998 年 9 月，昆士兰州政府财政部决定将它拥有的本州最大的金融集团 Suncorp–Metway 银行的 45% 的股份，以首次公开发行的方式出售。由于这些股票属于国有股，因此是采取可转换分期付款证券（Exchanging Instalment Notes）的形式进行转让的。证券持有者在最初三年内将获得利息，三年后则可以将这些证券转换为股票。这次发售是澳大利亚有史以来规模最大的 10 次股票发售之一，所筹集的资金超过 10 亿美元。

Suncorp–Metway 银行是 18 个月之前刚刚由一家房屋抵押贷款组织（Suncorp）、一家商业银行（Metway 银行）和一家农业银行（QIDC）合并而成的。这次合并当初曾引起市场的普遍怀疑和多个政党的强烈反对。因此，此次出售政府持有股份的决定也必将引发众多的争议，而且舆论普遍认为，此举很可能会导致该银行被第三方兼并。

风险与机遇

昆士兰州政府最终选择了 Philips 咨询公司作为此次公共关系活动的合作对象。Philips 公司的任务是为其制定并实施一项投资战略，将此次出售的详细信息传递给投资者，以确保发行的股份得到

充分认购。由于此次发行的成败要受到诸多投资与政治因素的影响，这一战略必须非常全面，而且要能被投资委员会全体成员一致接受。投资委员会成员包括州财政部官员、承销商代表、律师及其他政府部门代表。

此次发行的性质和 Suncorp-Metway 银行的资本结构都非常复杂。大多数投资者对于可转换分期付款证券这一概念还很陌生，对于这些证券的资产负债特征也一无所知。与此同时，Suncorp-Metway 银行有六种不同类型的股票和债券，从而导致股东的构成也非常复杂，而且不同股东集团之间的权利要求也相差很大。所以这次公共关系沟通活动必须向各个股东集团说明它们都能够参与此次新股发行，并解释可转换分期付款证券的各项权利。同时沟通信息还必须足够简单，以鼓励昆士兰州其他居民，让他们也将此次发行视为一个合适的投资机会。

咨询公司制定出了一个完美的沟通战略。它既满足了各个利益相关群体的不同沟通需求，也充分考虑到了此次发售的复杂性。它不仅涵盖了发行的管理、证券的营销，而且还包括向 100 万潜在投资者的直邮促销，并最终实现了 10 亿美元公开发行股份全部认购的预定目标。而所有这些都是在短短的四个星期之内完成的。

地理区域

这次投资营销活动首先针对的目标是昆士兰州居民，其次是全国的投资市场。昆士兰州政府希望借此机会塑造一个优先考虑本州公民的形象，同时又希望通过全国投资者的共同参与来确保股份能够得到全部认购。

研究

在此次股份发售之前，Philips 咨询公司就曾与昆士兰州财政部有过合作。1996 年 10 月，它参与策划过 Suncorp、QIDC 和 Metway 银行三家合并提议的公布，以及随后州政府与 Metway 公司股东之间的沟通，并最终说服后者接受了这次合并。由于有了前面这些次合作，Philips 公司在策划此次公共关系沟通活动的过程中可以获得很多非常重要的数据。但尽管如此，它还需要做一些进一步的研究，其中包括：

- 媒体分析；

- 研究所有的问题，并制定一个问题管理矩阵；

- 根据经纪人分析报告、财务年报和股价波动情况，对 Sun-corp–Metway 进行绩效分析；

- 利益相关者的深度分析；

- 对 1996 年 6 月上述三家企业宣布合并之后，社会各界对 Suncorp–Metway 集团的政治性舆论进行分析和研究。

战略化
公共关系 *Public Relations*
Strategy

计划

确定活动目标与测量指标

这个投资营销战略的总体目标是配合承销商来确保这次发售的股份能被全部认购。具体目标和测量指标如下：

- 管理媒体，确保媒体报道符合昆士兰州财政部的预设议程，而且80%的报道包含公司为此次投资营销活动设计的关键信息；

- 确保此次发行的股份中至少50%由散户投资者认购，而且这些散户主要来自昆士兰州；

- 在每个问题进入公众或政治议程之前对其进行管理和控制，并通过媒体分析对反对意见进行测评；

- 确保公司制定的有关此次发售的所有沟通信息都浅显易懂，以提高相关目标受众的接受程度。

识别目标公众

此次活动的目标公众包括：昆士兰州居民、Suncorp-Metway 银行的客户和股东、其他潜在股东、金融界、媒体、Suncorp-Metway 银行的雇员、政府与法律机构（如澳大利亚安全投资委员会、澳大利亚证券交易所、澳大利亚公平竞争及消费者委员会）。

确定沟通信息

此次活动的沟通信息着重强调上述公众最关心的一些财务问题：安全性、转换方式和赢利潜力。为了让昆士兰州居民更容易理解此次发售的证券的各项特性，Philips 公司将它与他们比较熟悉的其他一些金融产品进行了比较。例如，负债特征与定期银行存款进行比较，资产特性则与普通股票进行比较。

选择沟通渠道

Philips 公司使用客户服务呼叫中心、广告和直接邮件作为主要的沟通渠道来传递关键信息。之所以选择这些渠道，是因为它们可以在要求的短短四周的时间之内将这些信息传递给广大的受众。

设计信息的沟通载体

Philips 公司设计了一些专门用来承载上述信息的沟通载体，其中包括招股说明书、新闻稿件、地区性和全国性报纸及电视广告，以及客服呼叫中心。公司还在 Suncorp-Metway 的各个分行投放了大量的售点海报。而且在整个发售期间，Suncorp-Metway 银行在向股东和客户发布的每次公告中都加入了上述的关键信息。客服呼叫中心的应答脚本也经过了精心设计，以确保服务人员所提供的信息简单易懂，并与其他沟通材料保持一致。

管理层咨询

昆士兰州财政部和财政部长接受了咨询公司的立足此次发售的实际情况来设计投资营销活动的思路。为了让他们在活动实施过程

中继续支持咨询人员的工作，并理解咨询人员在问题管理过程中可能作出的调整和变化，Philips 公司决定每周安排一次会议，邀请财政部长办公室官员、财政部长助理和来自此次发售活动的三家联合承销商的经理人代表共同商讨活动实施过程的各项问题。

实施

计划实施方案

为了实现承销商确保所发售股份得到全部认购的目标，咨询人员决定将此次发售定位为："小户"投资者"分享"昆士兰州最大的金融机构 Suncorp-Metway 银行"成功"的一个机会。

投资营销活动

此次投资营销活动的内容很丰富，包括招股说明书、直接邮件、广告、分行促销以及一个专设的客户服务呼叫中心。

招股说明书是最核心的营销工具。它的任务是吸引昆士兰居民、Suncorp-Metway 银行的客户、股东和一般公众的注意力，激发起他们对所发售股份的投资兴趣。这是一份 64 页、双色印刷的文件。Philips 公司负责它的全部设计、编辑、排版和制作工作，还组织人员将 100 万份这样的文件发送到了澳大利亚各个地区，全部这些工作仅用了三周时间。

广告活动也同样做得有声有色。Philips 公司同时投放了一组电视广告和印刷广告，说服目标受众在 Suncorp-Metway "买一份股票"，然后坐等红利，享受其过去和未来的成功。为了刺激受众作出反应，这些广告还引导潜在投资者去拨打客户服务呼叫中心的免费电话，与当地的 Suncorp-Metway 分行或他们的投资顾问联系。此外，这些广告还充分利用了 Suncorp、QIDC 和 Metway 原有的品牌个性。

除此之外，Philips 公司还设置了一个专业的客户服务呼叫中心来配合上述的营销活动。在四个星期的发售期内，呼叫中心每周工作 7 天，每天从上午 8 点直到晚上 10 点。这项服务不仅保证了所有的询问都一一得到了解答，而且还保证了每位潜在投资者都能拿到一份招股说明书的副本。

媒体活动

为了向零售市场大力宣传此次发售股票的潜在利益，赢得"小户"投资者和昆士兰州居民的支持，此次活动也充分利用了媒体的力量。全国性媒体、城市性媒体和地方性媒体都推出了大量的相关报道，不仅为活动造出了声势，塑造了良好的正面形象，而且也有力地提升了公众对它的支持度。

到发售期第三周行将结束的时候，Philips 公司已经为这次发售活动赢得了非常可观的媒体曝光率。考虑到这种"热播"、"热炒"的局面如果再继续下去，可能会刺激那些反对这次国有股减持的政党出来发表负面评论，公司建议州政府对这种媒体关系进行"降温"，转而通过其他营销工具来进行宣传促销。这一策略成功地阻止了潜在的政治性问题的出现。

问题管理活动

Philips 公司编制了一本问题管理指南，将它分发给了投资委员会的每个成员。这份文件不仅描述了各种可能出现的问题，还确定了对外发言的基本宗旨，并列出了外界可能提出的问题及相应的回答。此外，公司还建立了一个问题数据库，其中收录了所有可能出现的问题、公众的评价和媒体的报道，而且这个数据库每天都要更新一次。

计划的调整

为了确保投资营销战略符合市场的实际情况和目标公众的要求，最大程度地减少发售活动的政治性风险，Philips 公司每天都会对新出现的政治性问题、客户服务呼叫中心的反馈以及发售股份的认购比例进行监控。根据监控结果，公司对最初的计划作出了如下调整：

- 客户服务呼叫中心的工作人员数量在最初两周内增加了两倍，此后两周则每天进行调整，以适应因广告活动引起的呼叫量波动。

- 广告计划在四周的发售期内经过数次更改。公司缩短了广告的排期，以便根据新发现的公众对此次发售的意外兴趣调整广告内容。同时，公司还重新制作了一些广告来专门解释可转换分期付款证券的分配程序。

- 媒体计划后来也被压缩，以避免过度张扬。

遇到的困难

这次活动最大的困难是时间有限。这样一次 10 亿美元的发售活动，Philips 公司只有四周的时间来进行准备，即它必须在四周内制定出投资战略，还要编制招股说明书并印制整整 100 万份。而投资战略实施的时间也非常之短，因为发售期也只有四周。

这次活动还遇到了其他一些困难，不过都被一一克服了：

- 可转换分期付款证券是一种非常复杂的金融产品，但 Philips 公司成功地用简单的语言对它进行了清晰的解释，并在必要的时候将它与公众更熟悉的其他金融产品进行了比较。

- 证券市场当时正处于动荡不定的非常时期，这种形势很容易打消投资者的积极性。但 Philips 公司巧妙地利用可转换分期付款证券的安全性，即最初三年内持有者将获得有担保的利息收入，将这种不利形势转化成了自己的一个卖点。

- 对于可能出现的政治风波，公司没有采取消极防御的策略，而是通过强有力的问题管理，并充分发挥媒体的议程设置作用，对其进行了有效的控制。

评估

投资营销活动

此次发售共筹集了 10.12 亿美元的资金，截止时超额的认购量

是预计的 2.5 倍，而且政府所提供的可转换分期付款证券中超过 60%均由"小户"投资者认购。在发售过程中，昆士兰州居民、Suncorp—Metway 银行现有股东和可转换分期付款证券第一期持有者受到了优先对待。

州政府共获得超过 22.1 万份合格申请，其中有近 72%的申请来自昆士兰州。每个合格的申请人都可获得一次分配机会。

媒体活动

媒体公共关系活动取得了丰硕的成果，这点从下面这些数据中就可见一斑：

- 文字报道 138 篇，其中正面报道 128 篇；

- 专题报道 35 篇，其中正面报道 31 篇；

- 正面电视报道 18 次，正面广播访谈 60 次；

- 89.6%的报道包含了 Philips 公司和昆士兰州财政部共同设计的关键信息。

咨询公司设计的关键信息得到了广泛采用，而且当公司于 10 月 8 日作出停止新闻攻势的决定之后，媒体也积极予以配合。从 10 月 9 日一直到 11 月 6 日发售期截止，仅有 4 篇新稿面世。

政治活动

在整个发售期内，反对党不论在议会内部还是在议会外部都没有发起任何政治性辩论。反对党发言人的批评言论虽然在媒体中也有出现，但在对此次发售的 173 篇新闻报道中，仅占 13 篇。通过对有关这次国有股减持的信息发布的质量和流向进行控制，Philips 公司成功地阻止了反对党提出的政治性挑战。

利益相关者到达情况

在这次发售期内，共有超过 110 万份招股说明书被发放到了澳大利亚各地的居民手中。客服呼叫中心共收到 54620 个电话，其中有 36 503 个都是要求得到招股说明书副本的电话。

客户服务呼叫中心收到了投资者的大量反馈信息，其中绝大多数都对招股说明书的吸引力和申请表填写的方便性表示了赞赏。

3

"名人"[1] 的社会的形象：
整合沟通与公共关系战略

Image in a 'celebrity' society: public relations
strategy as integrated communication

[1] 美国历史学家 Daniel Boorstin 在其 1962 年出版的《形象(The Images)》一
书中指出，媒体不仅仅是在报道真实"事件"，同时也在制造事件，他把
这种人为制造的事件称为"伪事件"（Pseudo—events）。并同时指出，媒
体除了制造"伪事件"之外，同时还在制造"伪英雄"（Pseudo—heroes），
并把这种人为制造的英雄称为"名人"（Celebrities）。——译者注

公共关系人员经常被企业形象（image）、企业识别（identity）、企业声誉（reputation）这三者之间的关系搞得晕头转向。柯林斯现代英语词典对这几个词的定义分别如下：

形象：一种心理图像，通过想象产生出的意念，或者根据某个人或某个组织在公众面前表现出的个性获得的印象。

识别：拥有独一无二的识别特征的状态，或据以确认或识别某个人或某件事物的一系列特征的总和。

声誉：好的或坏的名声，尤其是指凭借某一特征获得的名声。名声是某个人或某件事物在公众心目中所获得的评估，通常是被动的。

今天所谓的企业识别研究是在对企业形象建立过程的实证研究的基础之上发展起来的。但是 Stuart（1999 年）指出，企业识别模型由于包括了组织文化、企业战略、企业沟通和整合沟通这些变量，

因此可以更为全面地反映组织的形象管理过程。

形象

　　形象这个词在公共关系界过去一直"名声"不佳，但这并没有妨碍形象咨询师这个职业的不断走俏。技术化社会的日益发达，使得人们不论身处何地，都能够感受得到政府和大企业在社会中的作用，尽管未必十分了解。与此同时，组织自身也已经认识到，组织形象对于不同的受众有着不同的意义和影响，进而从被动的形象表达日益转向主动的形象塑造。这就使组织形象越来越接近 Boorstin（1963 年）所描述的"伪理想"（pseudo—ideal）状态：系统、可信、被动、鲜活而又暧昧。事实上，形象一词之所以会招致恶名，部分的原因就在于它往往如 Boorstin 所说的那样，只是一个抽象的概念，从而为别人的怀疑敞开了大门。例如，Bernstein（1991 年）就称它是用模糊的语言、肤浅的思想包装起来的一个空洞的概念，是那些自封的形象制造专家们故弄玄虚的一种手段。但是也有很多人对这种看法提出了批评。Mackiewicz（1993 年）指出，在今天这个无国界竞争的时代，强大的企业形象是一个宝贵的资产。他还质问道，就算形象这个概念空洞疏浅，那又有什么关系呢？人们只能根据自己的经历和感受作出反应；对他们而言，形象就等于现实。Carl Rogers（1992 年）也说过："我不是根据某种抽象的现实，而是根据我对这种现实的感知来做出反应的。对我而言，这种感知就是现实。"

正因为如此，尽管企业形象的本质可能有这样那样的问题，它仍然引起了公共关系界日益广泛的关注。而且，随着企业对利益相关者期望的重要性的认识不断加深，它也成为企业界的热点话题。即使那些一贯喜欢在公众面前保持低调的企业，现在也纷纷对自己的企业形象及其重要性进行评估，并开始研究利益相关者对企业政策、程序和行为的感知。事实上，根据一些学者的研究，这些企业所采取的这种低姿态经常会让公众产生一些负面的联想，如逃避、冷漠、消极、缺乏主见、无足轻重等；而且企业在维持这种低姿态上面花费的时间和金钱，与维持一种更高的姿态、更开放的形象往往是一样多的。

众所周知，信念体系对于人们的态度有着直接的影响，公众的负面信念往往会导致销售下滑或股价下跌。这种情况下，企业就必须通过公共关系活动来改变这种信念。同时，很多学者和从业人员都指出，信念是产品和品牌形象的一个组成部分，公众可以通过信念来影响这些形象。战略沟通活动中的这种相互制衡一方面可以使组织改变自己的行为，另一方面也可以使公众改变自己的感知，相应地调整自己的知识、情感和信念。Eiser曾经指出，如果利益相关者表达的态度与组织的行为之间没有一个沟通回路，那么他们就只能通过行动而不是言语来表达自己的偏好。

此外，当代的很多研究还发现，形象并不是由人们所感受到的某一孤立的现实构成的，而是包括一系列相互关联的图像。每个图像都由很多整合到一起的元素或对象组成，而这些元素需要通过语

言来加以解释。例如，Lynch [1]（1991 年）认为，图形语言是描述城市形象的最好的办法，Bernstein 则主张先通过交谈和书面报告了解企业形象的面貌，然后再用口头语言对其进行描述。

形象与品牌

公共关系意义上的企业形象是伴随着新式商业电视台的兴起，于 20 世纪 50 年代出现的。当时，企业争先恐后地加入到创造品牌形象的潮流之中。但与此同时，却没有人对此进行任何系统的理论研究。正因为如此，Newman（1956 年）等人报道说"企业可能没有什么人去抱怨，但它肯定会有一个形象代言人"，Boulding（1956 年）也说"企业形象与顾客行为之间的关系，说穿了就是一句话：一个人，尤其是电视上的某个名人相信是真的东西，对他而言就是真的。"

当广告主们拾起形象这一概念，将它作为塑造产品品牌和企业识别的一件武器的时候，当时的很多学者，如 Mayer（1961 年）等都把品牌视为象征地位的一种可见符号。但是时隔 30 年之后，Gorb（1992 年）却对此提出了质疑。他认为，企业形象设计由于过分地沉湎于标志之类的外在视觉符号，已经把自己变成了一项肤浅琐碎的工作。他进一步指出，形象的生命力源于企业的内部，它的设计不

[1] Kelvin Lynch 是美国著名的城市规划家。他从 20 世纪 50 年代中期开始，运用心理学中的"图式"理论来研究城市形象，并写成了《城市形象》（The Image of the City）一书。他在该书中提出了构成城市形象的五个要素：道路、边界、区域、中心与节点、标志物。他主张以图形语言来描述城市的形式，在《城市形象》一书的页边上，他加入了大量小的图形，来说明正文中的观点。——译者注

仅应该考虑市场的因素，而且应该更多地考虑企业内部的"规范与相互关系"（manners and interrelationship）。Bernstein 对此也有同感。他认为，形象可以融入产品[1]之中，但是它的每一个调整都将影响整个企业。Macrae（1991 年）则指出，企业品牌可以被转化为员工的一种神圣的自豪感，激励他们在工作中精益求精、不断地追求卓越，从而进一步提高企业在利益相关者中间的声誉。只有这样，企业形象才能真正实现品牌化。

前面曾经提到，形象经常被视作人为制造的虚幻之物，并因而受到贬斥。但是 O'Sullivan 等人（1994 年）对这种观念作出了有力的回应。他们从形象一词的原始意义，即对现实的视觉呈现出发对其进行研究，指出形象在人类（如企业员工或股东）理解周围世界的过程中有着非常重要的作用。

这里我们有必要介绍一个有趣的案例。它就是英国的零售业巨头 Marks&Spencer 公司 [2]。该公司的企业形象设计并没有出现 Gorb 所说的那种肤浅、琐碎的症候，而且对内部"规范与相互关系"的关注也要胜于对市场的关注。但尽管如此，它现在还是必须重新设计自己的形象，因为只有主动变革，在坚持自己价值观的同时达到

---

[1] David Bernstein 在其著作《企业形象与现实》（Corporate Image and Reality）中指出，共有九种媒体可以用来传递企业形象：产品、沟通所使用的材料、公共关系、人际表现、环境表现、企业文件、销售点材料、永久性媒体和广告。——译者注

[2] 20 世纪 90 年代后期，Marks&Spencer 公司忽视了与顾客之间的沟通，结果导致经营连连失败，企业形象与企业声誉也严重受损。2001 年，海外运营失利，公司被迫关闭了在英国以外的所有店铺；同时，英国本土的顾客也在不断流失。——译者注

利益相关者，尤其是已经开始弃它而去的顾客的期望，才能求得生存和发展。在这个案例中，Mackiewicz 对企业形象的定义就显得非常有用：企业形象是"整个企业以及它的计划和目标所激发出的全部感知的总和"。Mackiewicz 认为，企业形象的要素涵盖企业的产品、服务、管理风格、企业沟通以及它在全球范围的所有活动。出现危机的企业要想重新获得它曾经享有的市场优势，或增加市场份额和投资者信心，就必须重新评估这些要素所产生的正面感知的总和，然后在此基础上设计新的企业形象。他非常强调正面感知对于形象设计的重要性，因为一个中性的企业形象随着时间的推移，可能会像 Boorstin 所描述的那样慢慢变得过于不偏不倚，最后被所有人抛弃。不过，对这个问题也有人持不同的看法。例如，科特勒就认为，企业形象既可以是非常明确具体的，也可以是非常散漫含蓄的；有些企业可能并不需要一个非常明确的形象，而另一些企业则可能更喜欢一个比较含蓄的形象，以便同时满足不同利益相关者的心理需求。其中后者显然更符合英国人的心理特点。

识别[1]

企业形象与企业的业务内容及经营战略之间有着非常密切的关

---

[1] "Identity" 一词在汉语中没有直接对应的译法。目前国内多译为"企业个性"、"企业身份"、"企业识别"、"企业形象识别"等，其中以"企业识别"应用最为广泛。为了方便读者阅读，本书也采用这一译法。但是"识别"与"Identity"在语义上仍然存在一定差异。在此我们列举国外的一些相 (转下页)

系。因此，企业战略决策人员在问"我们在别人面前的识别是什么？"之前，首先要问"我们在做什么样的生意？"同样，如果一个组织对于自己的识别没有一个清晰的概念，它就无法去评估不同利益相关者对自己形象的感知，从而也就无法判断这些感知在战略计划、战略政策和战略实施中的优先次序。而任何一个经营战略要想收到满意的成效，就必须被目标公众准确地理解，至少也得是按照企业愿景和企业使命所要求的方式去理解。

精神与物质

对企业形象和企业识别进行研究、监测和评估是一个非常复杂

（接上页）关的定义，希望能帮助读者更好地理解这一概念及其与其他相关概念之间的区别：

- "企业识别是组织的自我表现形式，包括组织通过行为、沟通、符号传达出来的信息"——Van Riel（1995）
- "企业识别要表达四个方面的内容：你是谁？你要做什么？你怎么去做？你的目标是什么？"——Olins（1995）
- "定义企业识别与定义个体的身份/识别（identity）有一个非常重要的共同点，那就是必须强调出'自我（self）'的概念"——Hatch，Schultz（2000）
- "企业识别是企业声誉的基石……描述企业内部主体（管理者与员工）的自我概念"；"……要建立一个以识别为中心的声誉管理模型"——Fombrun（1996）；Fombrun，Rindova（2000）
- "企业识别是指一个组织所投射（project）出来的东西的总和，而企业形象则是指该组织投射的东西所激发出来的感知的总和"——Morten Muller（1998）
- "企业形象是公众心目中形成的一组印象……是建立在企业识别的基础之上的"——Dowling（1986）；Van Riel（1995）

——译者注

的过程，其中既有心理学的成分，也有行为学的内容。任何企业都需要向很多不同的利益相关者，就很多不同的事件或问题，发出很多不同的沟通信息。但是所有这些信息都必须拥有一个统一的核心形象，即使这些利益相关者各自都拥有不同的期望。诚如 Sullivan 等人所言，形象是"对现实的视觉呈现"，然而在利用企业形象进行这种"呈现"之前，企业必须先有一个清晰而明确的识别，而且这个形象必须做到可触可感、可以测量。只有这样，它才能真正成为企业的一种竞争优势。

表象与真实

Dowling（1993 年）指出，在测量企业形象和企业文化时，必须将大众传播，如广告运动的影响、企业识别活动的影响以及顾客对企业感知的不确定性同时考虑进去。同样，如果企业要对企业形象和企业文化进行变革，也必须谨慎小心、严加控制。因为一旦变革所选取的变量或者所采取的次序出现差错，不但变革本身将以失败而告终，企业也将蒙受巨大的损失。企业的沟通战略应该涵盖利益相关者已经知道或应该知道的关于企业的所有信息。John Stanley（1991 年）曾经警告说，任何组织都不能用表面文章来愚弄自己的利益相关者。只有传递真实的、有力的信息，核心的价值观念，企业的沟通战略才能取得理想的效果。

全球化

在这个全球化沟通的时代，企业价值观日益成为人们关注的焦点。随着互联网的发展，社会责任问题在公共舆论空间中占据着越来越重要的地位。这就向企业形象活动提出了新的挑战。伦理问题可能在企业商业活动的任何一个方面出现，因此它必须成为企业核心管理工作的一个重要组成部分。不论是从法律的角度出发，还从企业作为良好社会公民的意义上讲，公共关系或企业沟通都必须时刻注意到对企业识别的影响。如今，有越来越多的企业已经开始认识到，伦理道德责任的对象除了员工这个特殊的利益相关者之外，还应该包括其他所有的利益相关者，甚至整个社会。而且伦理规范不仅仅是一种责任，它还是为企业创造价值的一种方式。Houlden（1988 年）指出，积极引导社会看待企业的方式，保护企业形象免受损害，是现代企业领导者必须掌握的一项关键技能。Singer（1993 年）把这种做法称之为"结果主义"（consequentialism），意思是说伦理判断不仅仅关乎个人的好恶，而且决定着社会的道德与规范，而且不论企业身处什么地方，或者以什么方式运作，社会道德规范都是企业价值体系的核心所在。

声誉

没有哪个领域的测量问题比美国跨国企业的声誉测量问题更引

人争议的了。《财富》杂志每年都会要求它的读者用一个 0~10 的量表，根据下面八个关键指标对各个行业最大的企业进行打分：

1. 管理质量；

2. 产品或服务质量；

3. 财务状况的稳健性；

4. 吸引、培养和保留优秀人才的能力；

5. 企业资产的使用效率；

6. 长期投资价值；

7. 创造性；

8. 社会与环境责任。

这种测量技术被称为《财富》企业声誉指数（Fortune Corporate Reputation Index）。除此之外，目前业界还有其他一些类似的测量方法，例如英国的金融时报/PricewaterhouseCoopers 经营绩效七因素模型（Seven Factor Model of Business Performance）。但是，Van Riel（1995 年）以及之前的 Maathuis（1993 年）、Fryxell 和 Wang [1]（1994

---

[1] Fryxell 和 Wang 在 1994 年发表了一篇名为《财富企业声誉指数：什么样的声誉》的文章。他们在文中指出，这种测量技术很大程度上是在简单地通过企业的财务绩效指标来测量企业的声誉，测量结果受企业财务状况的影响很大，因此其有效性值得怀疑。——译者注

年）都对这些测量方法提出了质疑。他们批评说，虽然这些调查都
是根据一些所谓的专家的意见而设计出来的，但是"同样的测量工
具如果交给不同的人群去使用，最后完全可能会得出不同的结果"。
而且，"最后导致的结果是，《财富》读者评出来的这种声誉指数，
所测量的更多的是企业的投资，而不是企业的声誉。"不过美中不足
的是，Van Riel 在研究这一问题的时候，没有注意到形象、识别、
声誉这三个概念之间的内在联系，而且很多地方还有互换使用的痕
迹。但他通过对应用形象研究方法以及各种流行的测量模型的批评，
提醒研究人员注意，研究的质量不仅仅取决于所使用的方法，而且
还取决于所使用的问题的质量。他指出，问题的表述越详细，调查
对象的答案也就越充实，并认为"企业要想获得有关自己声誉的更
多信息，就必须进行更加深入的研究"。

这无疑就会影响到企业对咨询公司的选择。后者通常被认为能
够更加客观地评估一个组织的声誉，因而这方面的研究工作大多数
都是交由它们来完成的。

Ewing 等人（1999 年）指出，如果咨询公司此前与客户毫无关
联，彼此全然陌生，那么研究就会更加彻底。因为在这种情况下，
客户通常让更多的人参与到对公司的选择过程中来。他同时还指出，
拥有海外背景的咨询公司不仅更受那些在国外有投资项目的客户青
睐，就连那些仅在本国经营的大客户也对它们情有独钟。"那些拥
有海外背景的公司比本地公司更受欢迎。这是因为客户认为它们具
有国际化运作的能力，所以从长期来看，可以为自己提供更好的服
务。"他们的研究还揭示出另一个事实，即声誉不能用来衡量风险的

大小，而且"它们之间没有任何关系"。此外，Ewing 等人还发现，如果一个企业不认为或者没有认识到自己存在问题，那么当一个外来者告诉它确实有问题的时候，它不仅会对对方产生怀疑，而且还会对对方主动提出的各种建议更为戒备。但问题是，在今天这样一个企业责任意识空前高涨的时代，如果一个组织对沟通采取这种傲慢而迂腐的态度，认识不到沟通的战略意义，最终必将给自己带来灭顶之灾。

本章小结

公共关系活动的成败归根结底取决于它对更广大社区乃至整个社会所采取的态度和所承担的使命。因此，研究、监测、维护和评价公众对组织的整体感知，即组织的形象、识别和声誉，是公共关系战略中不可或缺的一个重要组成部分。

案例研究：Kraft Jacobs Suchard 罗马尼亚分公司[1]

本案例经国际公共关系协会（IPRA）惠准使用

概述

1998—2000 年，为了提升自己的形象，该公司发起了一次全国范围内的儿童营养义务教育活动。最后，它不仅实现了成为罗马尼亚糖果市场龙头老大的目标，而且产品销量也跃居中东欧市场第二位。

特点

该公司：

- 在进行义务教育活动的过程中获得了社会各界和众多公共管理部门的广泛支持和参与，从而在罗马尼亚树立了一个十分鲜明的个性；

- 聘请了营养学界专家来充当代言人，从而为自己树立了一个十分鲜明的个性；

---

[1] 该案例被评为国际公共关系协会 1999 年"全球最佳金奖（GWA）案例大赛"第七名。——译者注

- 通过为儿童及其父母所做的工作，获得了很好的媒体形象，企业声誉大为提高。

Kraft Jacobs Suchard 公司

问题

Kraft Jacobs Suchard 公司多年来始终坚持奉行自己的经营理念：造福公司所在社区，积极推进社区的教育、营养、环境保护和文化事业。

罗马尼亚的生活水平普遍偏低，这对国民的健康产生了很大的负面影响。统计资料显示，全国有三分之二的儿童患有贫血症，而且"健康"人群中有半数都存在不同程度的营养不良问题。

联合国开发计划署（UNDP）经过研究后发现，罗马尼亚国民的整体健康状况正在日趋恶化。这份研究报告公布之后，引起了Prais 企业沟通公司（PCC）的高度重视。该公司是 Kraft Jacobs Suchard 公司聘请的一家公共关系咨询公司。最后，咨询人员决定，以 Kraft Jacobs Suchard 公司的名义，在罗马尼亚全国范围内发起一次有关营养保健的义务教育活动。

在选择活动对象的时候，他们首先想到了两类"高危"人群——儿童和孕妇。这是因为，罗马尼亚教育部门在小学一至四年级的教学计划中，没有包括任何有关摄入充足的营养或食物以及个人卫生保健方面的内容。同时，由于罗马尼亚医疗部门财力不足，医生们根本无法向孕妇或年轻妈妈们提供有关孕期营养与儿童饮食控制方面的建议。

咨询人员针对这两类人群的特点，将此次活动的主题确定为"哺乳期营养——下一代人健康的关键"。活动首先在两个大城市：首都布加勒斯特和 Kraft Jacobs Suchard 罗马尼亚分公司所在地布拉索夫同步推出，然后再向全国其他地区推广。

研究

在进行具体策划之前，公共关系人员首先在全国范围内作了大量的研究，以确定此次活动的主要内容，及传递这些信息、实现预定目标的最有效的工具。研究使用了大量的数据，其中包括联合国发展计划署的调查数据、生活质量研究协会 (Institute for Research of Life Quality) 的统计数据，以及由罗马尼亚营养与代谢疾病协会的专家们提供的研究报告。

负责处理这些数据的是一支由 PCC 公司咨询人员和医学专家组成的团队。他们同时还分析了经济状况对罗马尼亚人营养和健康状况的影响。研究结果最后显示，选择儿童和孕妇这两类高危人群为主要对象，可以使这次公共关系沟通活动取得更好的效果。

计划

这次公共关系义务教育活动从 1998 年 5 月开始，持续到 12 月间，同时还计划在 1999—2000 学年继续进行。

这次公共关系活动的目标确定如下：

- 对布加勒斯特和布拉索夫的儿童和孕妇进行教育，然后以此为基础，将这一活动推广到全国其他地区；

- 通过营养保健知识的宣传教育，影响各个公众群体；

- 掀起一场全民参与的有关合理注意营养、积极提升生活质量之必要性的大讨论。

公共关系人员希望将当地社区的每个团体和每个家庭都充分发动起来，使它们成为沟通信息的积极传播者，从而提高公众对这类教育活动的价值和重要性的认识。为了寻找到发动全民讨论的最佳方式，他们根据这次活动的目标对沟通渠道进行了精心的选择。为此，他们还广泛征求了各方面的意见，如卫生部、教育部和妇幼保健协会的有关代表、营养与代谢疾病协会的专家，以及来自医院和学校的志愿者。

沟通信息是根据对象的具体情况度身打造的。参与此项决策的既有 Kraft Jacobs Suchard 罗马尼亚分公司董事会、PCC 公司的公共关系人员，也有来自营养与代谢疾病协会的专家。Constantin Ionescu Tirgoviste 教授被选定为此次活动的代言人，他是一位全球知名的营养学专家，在营养学领域具有突出的贡献和丰富的经验，现任营养与代谢疾病协会的会长。

在整个活动过程中，Kraft Jacobs Suchard 罗马尼亚分公司董事会随时都与公共关系人员保持着密切的联系。公共关系人员定期向它汇报有关活动进展和活动效果的情况，以及各月的活动进度安排。双方共同进行分析，以便随时根据目标受众的反应对活动内容作出灵活的调整。活动效果的评估根据以下指标进行：参与者人数、参与者的反映和评价，以及大众媒体有关营养保健问题的讨论情况。

实施

此次公共关系义务教育活动的第一个任务就是向三四年级的儿童宣传营养保健的有关知识。从 1998 年 5 月到 12 月，布加勒斯特和布拉索夫的小学生们上了很多这方面的课程。这些课程不仅向他们介绍了营养学的一些基本概念，而且还介绍了许多有关个人卫生和营养保健的知识。

这次活动是在得到教育部、卫生部以及营养与代谢疾病协会三方同意，并在它们的共同监督之下进行的。这些课程是根据公共关系人员与营养与代谢疾病协会专家共同设计的营养学教学大纲编制而成的。在编制过程中，公共关系人员非常注重趣味性、积极性和知识性的有机结合，以适应儿童的理解力水平。课程都是以互动表演的形式来讲授的，中间还穿插有游戏、有奖品比赛等趣味活动。负责讲授这些课程的是专业医生和布加勒斯特戏曲电影学院的学生。

此次公共关系义务教育活动的第二个任务就是向年轻的妈妈们进行宣传。公共关系人员制作了一个名为"吃的健康，你生的孩子也健康！"的宣传册，里面有营养与代谢疾病协会专家提供的很多营养建议和生活提示。他们在布拉索夫和布加勒斯特的 9 家医疗机构，

包括妇产医院及综合医院免费发放了 1500 多册，使许多年轻的妈妈获得了及时、科学的医疗建议。他们还举办了很多研讨会，请医学专家前来就孕期营养保健问题发表演讲。

在此期间，大众媒体一直在对这两方面举行的各种活动以及取得的成绩进行跟踪报道，从而将这次活动变成了全国各地共同关注的一个热点。

1998 年的活动结束之后，Kraft Jacobs Suchard 罗马尼亚分公司对所取得的成绩进行分析和总结，最后决定来年继续跟进。在 1999 年的活动中，它向 5000 多名小学生每人赠送了一个学习组合包，其中除了名为"营养王国探险之旅"的系列儿童读物之外，还为教师准备了一组营养知识讲义材料和一张挂图。

1999 年的公共关系义务教育活动还加入了另一个全新内容，名为"孩子的笑脸：智慧与爱的光芒在那里跃动"的儿童竞赛。竞赛的内容很丰富，既有绘画、诗歌，也有故事和小品。谁的作品最有创意，谁就可以赢得比赛。同时，获胜儿童的指导老师也将得到表彰。

评估

活动全部结束之后，Kraft Jacobs Suchard 罗马尼亚分公司首先在教师，包括参与活动的学校主管和医生中间以问卷的形式进行了效果评估。结果显示，这次活动的儿童参与度和媒体曝光度都创下了此类义务教育活动有史以来的最高纪录。从教师们的问卷回答情况中可以发现，所有受调查对象都一致认为，这个项目对于社区而言是必不可少，而且是非常重要的。很多教师在问卷上的打分都是"非常好"、"好极了"，他们的认可和这次活动的成功由此就可见一斑。

而这次公共关系义务教育活动所取得的最令人振奋的成果还是孩子们对系列营养知识课的反应。他们在参加这些课程之后，创作了一大批与营养有关的绘画、诗歌、故事和小品。

公共关系人员对那份名为"吃的健康，你生的孩子也健康！"的宣传册所做的效果调查显示，医生和年轻妈妈们都很喜欢这个创意，而且所有的目标受众都希望这个活动能够继续进行下去。

从媒体覆盖率的分析结果中还可以发现，这次公共关系活动成功地在媒体上掀起了一场有关罗马尼亚儿童和孕妇的健康状况的大讨论。从1998年5月到1998年12月，这次活动一共产生了44篇文字新闻稿，其中55%都同时配发了图片。三分之二的文章都在标题中将这次活动与某种社区公共利益直接联系了起来。有31篇文章在正文中介绍了相关的科学知识，并加入了专家意见，同时还讨论了有关健康的话题。有21篇文章对此次活动进行了全面的综合报道。电波媒体发布的音像报道共有37条，其中电台17条，电视台20条。

从媒体覆盖率和目标受众反应两方面综合起来看，这次义务教育活动，作为企业主动参与所在社区敏感公共问题的解决的一种姿态，得到了利益相关公众的充分认可。

4

让员工做你的沟通大使：
人力资源与公共关系战略

Employees as ambassadors: public relations
strategy in an HR context

员工与双向沟通

近年来，外部环境的变化对组织内部人员管理的柔性提出了越来越高的要求，作为人员管理核心的员工关系管理的重要性也因此再度凸显出来。这就要求组织必须综合运用各种手段，其中就包括我们过去常说的参与式管理实现员工关系中的平衡沟通。

员工关系管理离不开公共关系人员的参与，这一点我们通过分析人力资源管理的战略模型和战略思想就可以理解。任何一个人力资源战略模型，如果没有专业沟通人员的介入和参与，都只能停留在理论的象牙塔中，而无法在实际的工作中发挥作用。我们在第 2 章中曾经指出，组织在制定战略之前，必须首先回答一个问题："我们在做什么"，因为任何的战略计划都必须立足于组织的使命。

而要想让战略计划与战略政策能够贯彻到从 CEO 到普通员工的所有
职能阶层，就必须保证组织内部的公共关系人员须拥有足够的权威
和影响力。其原因有二：首先，公共关系主管作为与 CEO 并肩工作
的伙伴，通晓组织的文化与价值系统，因此他能够确定，为了实现
组织使命，原有的文化价值系统必须作出哪些方面的变革。其次，
公共关系人员在拿到具体的人力资源战略计划之后，也必须通过评
估该计划将要产生的影响，对公共关系的组织结构、工作程序和资
源作出相应的调整。而他们的评估通常都要包括以下的内容：如何
激励员工，如何保持核心技能，如何运用 IT 技术、时事通讯、奖
励、针对性的信息等手段来确保企业的竞争力。由此可见，人力资
源的战略理论、战略模型和战略计划，与公共关系的战略理论、战
略模型和战略计划之间，是一种相互配合、相互支持的关系。而且
人力资源战略的制定与实施，尤其是在涉及员工关系和集体谈判等
方面的问题的时候，往往也需要高层公共关系经理与高层人力资源
经理的密切协作。

此外，随着虚拟企业的不断兴起和跨国企业的日益增加，如何
将分散于各地的员工联结成一个整体，使总部获得有效的控制力，
已经成为摆在很多企业面前的一个亟待解决的问题。但是这个问题
的解决离不开专业沟通人员的参与，否则稍有不慎，就可能会动摇
大多数西方企业赖以存在的价值观基础。从文化的角度来讲，这就
是说，企业的沟通体系必须纳入到将企业凝结为一种整体的核心战
略中去。

然而有趣的是，各种有关人力资源战略的学术文献在研究这一

课题时，却很少将沟通作为一个重要因素来考虑进去。学术界在谈到人力资源战略计划、战略政策的制定与实施时，总是离不开招聘与筛选、绩效评估、薪酬评估、培训与发展、继任计划和职业生涯计划、工作设计和评价这些话题。人力资源专家们把这些活动视为实施企业战略的基本前提，然而他们却往往忽视了沟通在获取必要资源以应对不断变化的外界需求的过程中所发挥的重要作用。而在那些经验丰富的公共关系专家看来，这恰恰就是为什么有数量如此众多的大规模变革计划，其中不乏业务流程再造和全面质量管理这样的备受推崇的变革计划最后都以失败告终的原因所在。事实上，公共关系在帮助企业实施变革和保护变革成果方面的作用长期以来一直没有得到应有的重视。

人力资源管理战略所要求的许多核心能力都离不开公共关系。比方说，人力资源专家和公共关系专家都不会否认下面这些因素的重要性：通过一个清晰的企业使命实施有效领导；通过不断积累智力资本对人员、技艺、能力和知识实施有效管理；通过对信息的监控和分配，确保工作团队认同并拥有最适合其职能需求、最能调动其完成使命的积极性的信息；创建并保持一种开放性的文化，让每个人都可以畅所欲言，并能从中得到成长和发展的机遇。

内部沟通

因此，大规模变革必须辅之以完善的内部沟通计划。组织在制订内部沟通计划时必须注意以下问题：

- 它们必须从管理人员在短期之内面临的关键性问题入手，而不要一开始就以红头文件的形式发布那些对员工个人需求漠不关心的全球性或长期沟通计划。

- 它们必须现实地描述可以实现的目标，而不要盲目拔高期望。

- 它们必须为员工提供行为性学习（Behavioural Learning）的机会，即直接通过行为转变来进行学习，而不是简单地让他们进行表象性学习（Representational Learning），即通过一些新鲜的术语、理论来学习。后者只会使他们的所言与所行进一步脱节。

- 它们的实施必须有中层尤其是底层管理人员的广泛参与，而不要组建一些头重脚轻、只有高层管理人员参加的项目团队。这种团队往往不去做充分的调查研究，而是以独断专行的方式去推动计划的实施。

- 它们必须具备一定的灵活性，可以根据环境压力和优先权的变化随时调整。

- 它们必须发动那些关心短期利益的实用主义者去积极参与，同时也要调动起那些因对长期发展信心不足而缺乏热情的怀疑主义者的积极性。

1995年，Crossman 和 McIlwee 在对 1994 年英国国铁公司信号工

罢工事件[1]的研究中发现，公共关系可以在 10 个关键领域发挥重要作用。它们分别是：企业内部的政治格局、经济活动、文化系统、使命与战略、组织结构、人力资源柔性和质量、员工忠诚度与凝聚力、企业与利益相关者的关系、企业与社区的关系以及企业与工会的关系。本章最后的 Railtrack 公司案例将更深入地探讨这一问题。

明茨伯格 1994 年提出的 5P 战略模型也从另一个角度说明了企业内部公共关系的重要性。在该模型中，他提出了 5 个彼此相关的战略定义：作为计划的战略、作为计谋的战略，作为定位的战略、作为模式的战略和作为观念的战略。我们现在常用的战略模型一般从四个角度看待战略管理：古典式，即分析、计划、命令；进化式，即始终保持成本最低，始终保持开放的选择空间；程序式，即遵守本地游戏规则；系统式[1]。这四种类型分别对应着公共关系理论发展

---

[1] 1994 年，英国政府决定将国有的国铁公司进行私有化改制。其中一项重要内容就是将原有的铁轨路网、附属的信号设施及相关员工全部剥离出去，由新成立的 Railtrack 公司管理（参见本章案例）。英国国铁的信号工人认为此举损害了他们的利益，于是进行了为期 4 个月的抗议和罢工，使英国铁路的正常运营受到了严重的影响。——译者注

[2] 这种四分法最早由 Richard Whittington 于 1993 年提出。古典式强调理性的分析与客观的决策，认为战略制定的目的是掌握内外部环境，实现利润的最大化。进化式强调环境的复杂性和不可预测性，认为战略制定的目的是不断地适应环境，在外部"生态系统"的优胜劣汰中赢得短期生存的机会；战略更多的是市场选择而不是企业自主选择的结果。程序式强调决策过程中的人际沟通、对话、讨论与创新，认为战略制定更多是一种学习和创新。系统式同样强调理性的分析与计划，但同时也强调企业内部和外部社会环境的影响，认为企业的所有经济活动都是"内嵌"于各种社会关系之中的；企业的战略目的不仅仅局限于利润最大化，还应该包括对特定环境下的特定社会需求的满足。这四种战略模式分别流行于 20 世纪的 60、70、80 年代和 90 年代。——译者注

过程中的不同阶段：从古典式、进化式、程序式一直到本书采用的
系统式。

上述四个维度的分析涉及了很多有关权力和文化的因素，而这
正是很多传统的战略模型所缺乏的。这些因素对于评价一个组织的
现状有很重要的作用。例如，一个严重依赖于投资利益相关者，如
金融机构的组织，与一个更多地依赖于社区、地方政府或市场和供
应商的组织，在战略管理上的侧重点上肯定存在着很大差别。

应对柔性企业的挑战

与其他职能一样，公共关系的最终目的也是要实现企业的目标。
如今，关于人力资源柔性的研究已经日趋成熟，很多学者都提出了
一系列重要的理论和模型，如 Fombrun、Sisson 与 Timperley、Miles
与 Snow、Beer、Guest、Schule、Jackson 与 Miller。但最为专业人士
所熟知的可能还是提出"柔性企业（flexible firm）模型"的英国学
者 Atkinson。该模型认为，企业在人力资源使用方面的柔性有三种
不同的形式：职能柔性、数量柔性和财务柔性，企业应该将员工划
分为骨干人员和辅助人员两个部分，以寻找三种不同柔性之间的最
佳平衡。企业在向不同的群体，不管他们是本企业员工还是外聘人
员，如协作单位职员、咨询人员等传递信息的时候，要在保持一致
性和连贯性的同时，有针对性地选择不同的形式。

近年来，由于新技术的出现和长期的全球性经济萧条带来的负

面影响，企业的经营环境发生了巨大的变化。这一点 Rosabeth Moss
Kanter、Barry Stein、Todd Jick 等专家都已经认识到了，并且也提出
了很多不同的模型来帮助企业应对这种变化。但是这些模型大多都
假设这种变化对所有企业发生影响的程度和方式都是一样的。显然，
实际情况并非如此。一般来说，企业规模越大，组织的复杂程度也
越高，适应这种外部变化所需要作出的内部变革也就越多。正如第
2 章所指出的那样，这里最关键的是决策制定的方式。Fineman 和
Mangham 指出，组织的变革决策可以通过四种方式进行：结构性方
式、人力资源方式、政治性方式、象征性方式[1]。其中象征性方式是
指组织通过制造神话、隐喻、仪式来应对计划、控制手段无法克服
的不确定性和模糊性。公共关系计划人员要想准确地传递出变革信
息的全部含义，必须首先搞清楚自己所在企业采用的是何种决策制
定方式。但不论采用何种方式，如果企业想要让变革深入人心并得
以成功实施，决策的制定就必须以沟通为基础和纽带，即各级员工
和管理人员必须共同参与到决策的制定过程中来。

在柔性企业中，公共关系咨询人员的主要任务之一就是培养员
工对企业的承诺，表现在态度、行为和交换三个层面上，以此来增
加柔性和促进变革。最近一段时间，作为一种强调通过互相理解与
互惠互利来建立忠诚感的理论，社会交换理论又重新得到了人们的
关注。在过去几年里，那些要求员工作出完全承诺的企业受到了猛

---

[1] 结构性方式是指通过奖惩机制和刺激反应原理来推动变革。人力资源方式是
　　指通过鼓励开放讨论和员工参与等民主化的管理模式来推动变革。政治性方
　　式是指通过组织内部的权力机制来推动变革。——译者注

烈的抨击，因为员工在作出这种承诺的同时，往往需要牺牲家庭和社会关系的稳定性。现在，企业已经开始逐渐认识到，要想得到员工的承诺，雇主与员工之间就必须有一定形式的、对双方都有利的交换。这种交换可以分为两种类型：经济性交换和社会性交换。经济性交换强调的是物质形式的交换，而社会性交换则有所不同，它不涉及任何约束性的契约，对双方规定的义务也不带有任何强制性。这种义务的履行完全建立在相互信任的基础之上，而不能靠外部力量的强行干预。正因为如此，有些企业在其绩效评估体系中正式引入了心理契约的概念，从而将经济性交换（与交易性契约相对应）与社会性交换（与心理契约这类关系性契约相对应）结合到了一起。在柔性企业中，公共关系活动的贡献主要通过员工士气、绩效水平和生产率水平来加以评估。当然，传统的评估手段也依然在广泛使用，如沟通审计、建议计划、员工通过实现销售目标或其他目标获得的奖励以及由此获得的荣誉，等等。

领导力与沟通

公共关系活动在全面质量管理（TQM）的整个过程中都有着非常重要的作用。加拿大学者加里斯·摩根[1]曾对那些引入了TQM的

---

[1] 加里斯·摩根（Gareth Morgan）是加拿大约克大学 Schulich 管理学院著名的组织行为学及工业关系教授。他长期以来一直致力于管理学诸多前沿领域的研究，如学习型组织、变革管理、创造性思维、混沌与复杂性等，成果卓著，著述甚丰，1987 年当选为国际管理学院终身院士。他的著作不仅观点（转下页）

企业做过专门的研究，并以此为基础提出了一个领导能力模型（见表4.1左栏）。而通过对该模型九个因素的分析我们可以发现，沟通在其中任何一个因素中都居于核心地位（见表4.1右栏）。

表 4.1　领导力与沟通

文化模型	公共关系模型
• 解读环境	• 环境扫描；事件管理；沟通计划、监控与评估
• 前瞻式管理	
• 愿景型领导[2]	• 使命／智力数据
• 人力资源管理	• 建立关系／分析感知
• 鼓励创新、学习与信息沟通	• 适应性战略／阐释性战略[5]
• 提高远程管理[3]能力	• 媒体关系，游说
• 使用 IT 技术	• 公共关系、危机管理的跨学科特性
• 管理复杂性	• 兼顾不同利益相关者关系的管理原则
• 发展情境能力[4]	

（接上页）新颖，而且善用比喻。在代表作《组织形象》（the Image of Organization）中，他用了八个比喻来描述当今最新的组织管理思想，它们分别是：机器、有机体、大脑、文化、政治系统、精神监狱、流与变形、统治工具。——译者注

[2] 愿景型领导（visionary leadership）是指：组织领导者及时提出新的可行的愿景积极解释、沟通愿景并及时更新旧的愿景。——译者注

[3] 远程管理（remote management）是指：在日趋扁平化、分权化、小型化的企业中，通过一个强有力的企业哲学和企业文化将各个业务单位整合起来。加里斯·摩根将远程性管理技能形象地比喻为"乘直升机"、"脐带式管理"。——译者注

[4] 情境能力（contextual competency）是指：理解并影响企业外部的工业关系的能力。加里斯·摩根认为，企业面临的很多关键问题其根源都在更大范围的社会经济环境，因此提高对外部关系的反应力和影响力可使企业重新构造这些问题，进而找出更好的解决办法。情境能力的具体内容包括："架桥"与联盟（加强与其他社会部门的关系）、重新构造问题、整合本土化与国际化行动能力、树立高度的社会责任感。——译者注　　　　　　　　　（转下页）

战略化
公共关系 *Public Relations*
Strategy

　　许多学者，如 Gregerson 等（1997 年）都曾经撰文指出，与其他资源相比起来，企业更需要能力卓越的全球化领导者。有研究显示，CEO 平均有 50%~80% 的工作时间是用来与某个利益相关者进行沟通的。这就说明，他们并不仅仅制定战略，而且还会亲自参与战略的实施（见表 4.2）。

　　20 世纪 70 年代，组织发展（OD）运动开始出现。当时，它的主要内容是通过整合不同系统和不同团体来推动组织变革。其中一个重要主张就是发动全体员工共同参与问题解决过程。这就要求企业具有更好的决策质量和更高的领导水平。进入 90 年代之后，组织发展理论的重心发生了转移，更多地关注企业内部决策、外部影响因素与组织经营绩效之间的动态关系，并提出了永续变革和学习型组织的概念。随着这些理论和实践的不断深入，企业界再一次认识到了公共关系能力的重要性和巨大作用。

（接上页）

[5] Chaffee 于 1985 年提出了三个基本战略模型：线性战略、适应性战略、阐释性战略。线性战略强调预测、计划与理性，其前提是未来可以预期、环境相对稳定、组织结构高度集中、组织具有明确而统一的目标，其根本假设是"组织必须应付环境"。适应性战略更强调"手段"而不是"目的"，强调在环境的机会与威胁之间达到平衡，认为环境是一个由趋势、事件、利益相关者组成的开放复杂系统，其根本假设是"组织必须与环境同步变化"。阐释性战略强调与环境建立良好的关系，强调符号与规范的作用，更多的是一个隐喻，其前提是组织的目的无法明确或者组织结构非常松散，其根本假设是"组织与利益相关者达成一个社会契约，从而获得后者对组织以及组织所处环境的理解"。而加里斯·摩根（1986 年、1997 年）进一步指出，线性战略模型将组织视为机器、统治工具；阐释性战略模型将组织视为有机体、政治系统。——译者注

表 4.2　全球化领导力相对于其他因素的重要性

(此表根据对 1997 年美国《财富》500 强企业的一项调查作出)

因　素	平均得分
能力卓越的全球化领导者	6.1
充足的财务资源	5.9
更先进的国际化沟通技巧	5.1
更优秀的本土化工作团队	5.0
更稳定的发展中国家政局	4.7
本国政府更多的贸易支持	4.5
东道国政府更低的关税/贸易壁垒	4.4

1 表示毫不重要，7 表示极其重要

资料来源：Gregerson 等（1997 年）

　　和人力资源部门工作人员一样，公共关系人员也必须树立绩效管理的意识，因为绩效管理能够将个体管理、团队管理这些微观层次上的事件与企业目标这样的宏观问题联系起来。那么，个体沟通表现与战略管理是怎样、在什么地方联系到一起的呢？按照学术界目前的看法，沟通能力和沟通行为对宏观战略的影响主要集中在三个领域：（1）沟通审计有助于企业实现质量保证；（2）企业使命和企业伦理的宣传有助于进一步阐明企业的核心价值观；（3）完善合理的沟通程序有助于提高组织的领导力水平，增强决策参与程度，进而建立起新的、更民主的员工控制体系。

战略化
公共关系 *Public Relations*
Strategy

内部沟通中的公共关系实践

　　战略性内部沟通作为整体公共关系战略的一个组成部分，与企业经营计划有着密切的联系。它包括一系列的公共关系实践，例如：

- 划分并定位不同的内部团体；

- 制订整合沟通计划；

- 通过言语和行为进行有效沟通；

- 根据企业的经营规模和地理分布特点，对国内外发生的事件进行战略性管理；

- 对企业竞争环境进行评估；

- 增加员工对公共关系的理解和知识，使每位员工都能承担自己相应的责任；

- 确定各种内部出版物的功能和作用；

- 建立从上岗到退休或下岗的全程的公平公正的员工沟通渠道；

- 对公告牌系统和电子信息发布系统进行有效地监控和管理；

- 建立积极的、开放的沟通文化，使员工建议计划可以长期坚持下去；

- 将危机管理技巧引入到企业总部记录系统、电脑网络系统和日常简报系统之中；

- 积极提供外部和内部信息，完善企业识别、提高企业声誉；

- 明确界定内部沟通与外部沟通之间的关系及界限，明确界定负责协调它们之间关系的公共关系人员的双重作用，以及他们应该具备的能力；

- 解释企业的方针政策和规章制度，与全体员工建立良好的对话关系；

- 通过沟通审计，掌握员工态度的变化情况；

- 结合短期目标对企业使命进行定期评估。

在这里，企业战略已经不再存在"自下而上"沟通还是"自上而下"沟通的问题了。它应该尽最大可能将所有人团结到一个共同的目标下面来。这时候，优秀的公共关系主管在一个优秀的公共关系团队的支持下，将成为向 CEO 等高层管理人员传递重要信息的一个沟通渠道。公共关系主管将整理并分析各种直接影响决策制定的关键性的知识资源，密切监视组织气候的风向标。很多时候，不同团队、单位、部门的管理者在相互沟通和协调过程中之所以会遇到障碍，部分原因就在于，不同的专业背景使他们对企业竞争能力和行为标准问题形成了各自不同的看法，而这些看法有的并不利于企业使命所规定的那些目标的实现。内部公共关系人员为他们提供了

一个可以畅所欲言的场所，使他们可以把沟通中遇到的障碍说出来，并运用自己的专业技能，将潜在的部门冲突转化为积极的沟通实践。而这些对于企业战略的实现有着至关重要的作用。在随后的案例研究中，你将会看到，公共关系专家是如何通过设计一项内部沟通运动来提高企业效率和员工士气的。

本章小结

　　良好的内部沟通是良好的员工关系的基础。本章主要讨论了公共关系在企业变革过程中的作用。它通过对许多战略性人力资源管理模型的分析，揭示了公共关系活动与人力资源战略管理之间的关系。

案例研究：英国 Railtrack 公共股份有限公司[1]

本案例经国际公共关系协会 (IPRA) 惠准使用

概述

1997 年，Railtrack 公司[1]完成了私有化。与此同时，沟通战略问题引起了有关决策者的高度重视。为了确保公司上下所有员工顺利完成短期和长期变革，该战略必须作出一些重大调整。

特点

● 新沟通战略突出了公共关系在变革过程中的重要地位；

● 新沟通战略重视通过内部调查识别主要公众、次要公众，并设置配套措施以确保战略的整体性和统一性；

● 新沟通战略强调了在双向沟通过程中进行研究和评估的重要性；

---

[1] 该案例被评为国际公共关系协会 1999 年"全球最佳金奖(GWA) 案例大赛"提名奖第八名。——译者注

[2] 英国铁路的所有业务原来均由国营的英国国铁公司 (British Rail) 统一管理。1994 年，英国国铁将原有业务进行了改组，Railtrack 即是改组之后剥离出来的负责全部路网和车站的公司。1996 年 5 月，英国政府将 Railtrack 的股票在伦敦证券市场公开发售，从而开始了该公司的私有化进程。——译者注

● 新沟通战略有力地证明，公共关系战略是企业战略不可或缺的一个组成部分。

Railtrack 公共股份有限公司

问题

1997 年年中，通过在伦敦证券市场公开发售股票，经营全英国铁路基础设施的 Railtrack 公司正式成为了一家公共股份有限公司。它在继续适应私有化和公众、法律、政府三方严格监管的商业环境的同时，把管理重点放到了两个方面：改善经营业绩；提高服务质量以满足那些越来越善于表达自己不满的顾客。此外，如何确保在即将到来的 2001 年 4 月铁路监察局听证之后继续维持公司良性运转的问题，也给管理当局带来一种隐约的压力。

1997 年，Railtrack 对外宣布，公司将通过借贷融资的形式筹集 170 亿英镑（1999 年又增至 270 亿英镑），用于在未来 10 年内改善铁路基础设施。但获得信贷的条件是：每筹集 1000 万英镑，公司必须有 100 万英镑的利润。因此，就公司内部而言，当务之急就是要大力提倡效益至上的经营意识，摒弃过去那种只看工作、不管效益的态度。以往，员工从不关心公司的经济状况，在作出日常决策和中长期决策的时候也不会考虑这些问题。要想让效益原则贯彻到公司上下的所有工作当中，公司必须改变原来集权式、等级式的决策机制，尽可能地将决策权下放给中下层管理人员。此外，公司还必须在既保证经济效益又不牺牲安全与质量的前提下，倡导关心顾客的意识和在工作中积极创新的精神。这同样也是一件很不容易做到的事情。

以往，公司的内部沟通活动基本上处于一种放任自流的状况，与企业战略和经营政策完全脱节。内部沟通岗位上的工作人员也完全是随意指派的，其中几乎没有任何拥有公共关系背景的专业人士。因此，摆在公司管理人员面前的首要挑战就是设法改变原来的内部沟通体系。

研究

为了协助他们的工作，Railtrack 聘请了专业从事内部沟通咨询的 Hedron 公司。该公司的咨询专家带来了国内外其他公司和行业的很多可资借鉴的经验和教训。Raitrack 交给 Hedron 公司的任务是，与现有的内部沟通团队（共计7人、分布于国内7个地区，其中部分属兼职人员）一道，制定并实施一项以经济效益为中心的公司内部沟通战略。此外，Hedron 还要培训 Railtrack 公司总部的内部沟通人员，因为新战略的实施首先得从他们这些人开始做起。而这次战略变革的基本思路则是：根据其他公司的经验，必须把内部沟通视为管理过程的一个重要组成部分，一个事关企业经济目标能否顺利实现的关键因素，而不是一件可做可不做或聊以自欺的事情。

要想实现这一思路，研究小组必须找出企业的主要目标，并弄清楚这些目标是如何影响员工在日常工作中的态度与行为的。为此，他们分析了 Railtrack 公司的商业计划、营运计划和相关报告，其中

有些报告是对外公开的，例如每年例行公布的路网管理报告（Network Management Statement）和铁路运营企业顾客满意指数（Train Operating Company customer satisfaction index），并对董事会主要成员分别进行了访谈。最后，研究小组与高层管理当局共同从高度机密的内部经营计划书中选定了内部沟通需要配合宣传的企业主要目标。

接下来，研究小组对沟通现状与沟通目标、与业界"最佳"实践之间的差距进行了评估。评估的依据是沟通对企业目标实现的辅助作用，即沟通能否确保企业目标被全体员工知晓并充分理解。研究小组在评估过程中搜集、分析了大量的第一手资料，进行了两次员工态度调查、一次内部沟通审计，同时还与高层人力资源经理、其他职能部门高层管理人员以及一线员工进行了广泛的讨论。

计划

最后，研究小组确定了如下内部沟通目标：

1. 让公司上下所有员工都了解企业目标的优先级别、实现这些目标的关键因素，以及这些目标的实现对于公司乃至整个英国铁路网络未来经营成败的重要影响；

2. 帮助员工理解这些企业目标，并让他们知道各自在这些目标实现过程中的作用和贡献；

3. 鼓励并确保管理层与员工定期开展对话，讨论有关经营业绩的各种问题、有待改善的领域、目前存在的障碍、资源配置、业务流程；

4. 改善相应的沟通流程并提供相应的沟通培训，使信息能更方便地得到处理，并能更迅速地在公司内部传递，从而实现更高的工作效率。

    基本沟通战略是使公司内部的基本沟通模式全面实现现代化，使其把更多的注意力放到围绕企业展开的对话上面。沟通的内容必须重新调整，使那些与企业有关的战略性、操作性和教育性信息获得更多的"话语权。"

    为了改变管理人员和普通员工看待、谈论和使用内部沟通的方式，该计划引入了沟通权利和沟通责任的概念。这项举措对于建立一种新型的沟通文化有着非常重要的意义。在这种文化中，管理人员不能将企业目标的优先级别对员工秘而不宣，员工也不能说这些信息我们不需要知道。

    沟通计划还指出了决定计划成败的关键因素。其中最为关键的是要确保高层管理人员将内部沟通放到与外部沟通同等重要的地位上来。他们不仅要把内部沟通看成是向员工通报管理动态的一种渠道，同时也要把它看成是提高员工在决策过程中的企业整体意识的一种方法。

实施

1997 年 10 月底，Railtrack 公司首席执行官 Gerald Corbett 亲自

签发文件，推出了七大改革措施，并划拨了 73 万英镑专款。这几项措施合在一起，创建了一套全新的沟通体系，提出了战略性沟通目标，对公司的内部沟通做了重新定位。

措施 1

首先，公司任命外聘专家 KenHunter 为内部沟通部门的总经理，负责领导总部及各地区的沟通团队，并全权领导这次变革。这次任命非常重要，不仅提高了沟通工作在公司内部的地位，而且突出了其作为一种激励员工和改善绩效的积极手段的重要性。

第一项措施是要求信息必须在 24 小时之内到达所有在岗员工。以往，24 小时内的到达率只有 65%，到达外地工作的员工甚至需要两周之久，而这无疑将大大削弱公司处理危机事件的能力，也使公司无法与员工在劳资关系问题上进行及时沟通。通过投入更多的基本沟通设备，如电话机和传真机，到达率最终升至 95%左右，当班员工在事发后 4 小时之内就可以获得相关信息。改革的效果非常显著。公司管理当局承认，它在一次挫败 RMT（铁路、航海和运输工会）罢工呼吁的过程中发挥了至关重要的作用。因为管理当局可以在任何工会材料下发之前将有关信息送到员工的面前，向他们解释为什么 RMT 的要求是没有根据的。最后，员工接受了公司的观点，投票决定不参与罢工。

措施 2

第二项措施是使员工有更多的机会就公司经营的有关问题与他们的高层管理人员进行对话。公司开展了一项非常激进的沟通活动，即 CEO 和各地区主管亲赴各地分公司进行"路演"，与超过 25%的各级员工讨论公司的战略发展方向，以及它对员工日常工作的影响。活动取得非常积极的成果：

- 91%的员工在讨论结束之后感觉到，能够把自己的目标与所在地区分公司和总公司的目标联系起来了；

- 84%的员工表示，对自己为分公司的经营业绩所能作出的贡献有了更清晰的认识；

- 85%的员工表示，对 Railtrack 的未来充满信心。

那些没有参加讨论的员工也通过互联网获得了讨论的主要内容和基本要点。

措施 3

第三项措施是对公司的内部媒体进行了一次彻底审查，并创建了一个全新的媒体网络，使员工既能学习到各种知识和先进经验，也能了解到管理当局制定各项决策的原因和具体过程。如今，这个媒体网络已经为公司创造了相当可观的效益，即不仅使更多的先进经验得到了更好的分享，而且还在员工当中催生出了大量削减成本的创意。曾经有一篇文章，一下子就"赚"了 10 万英镑，因为它让公司的欧洲事务委员会注意到了一个很有投资价值的项目。而当初如果这篇文章没有在内部刊物上发表的话，这个项目肯定是不会有人去过问的。

121

措施 4

第四项措施是重新设计班组简报（Team Briefing）程序，以鼓励班组层次的对话。为了克服目前班组简报程序中存在的官僚作风和文化障碍的问题，公司经过试用和改进，在全国所有业务区域推出了一种名为"班组会谈录（Teamtalk)"的激进做法。班组会谈录是 CEO 或各地区经理以平实朴素的话语写成的一些文字，里面全部是与企业战略有关的内容。它的目的不是要取代班组的工作简报，而是为其作出有益的补充。通常情况下，它会在班组会议之前下发到一个地区分公司内部的所有员工手中，然后他们在会上就其对本地工作的实际指导意义进行讨论。它也可以直接下发给那些工作独立性较强的员工。会谈录中包含一些向员工提出的问题，这些问题员工既可以以小组为单位作答，也可以各人单独发表意见。这项措施推出至今，各方面的反馈和公司进行的几次集体访谈都表明，班组会谈录在大多数员工中反映良好，促进对话的作用也开始日益显现。但还存在着高层管理人员反馈速度缓慢的问题，给员工的积极性造成了一定的打击。员工们批评高层管理人员对不同意见没有表现出足够的容忍，而且拒绝承认错误。不过，公司内部沟通团队已经对后者施加压力，要求他们对这些批评作出回应。

措施 5、措施 6、措施 7

其他三项关键措施分别是：重新设计高层管理沟通会议的基本程序，使其成为新式沟通行为的一个表率；建立了一个内部网，使员工可以主动"寻找"信息；培训内部沟通团队，教会他们完成该项任务所需的各种非传统沟通技巧，提高他们实施这一极具挑战性的沟通战略的能力。最后这项措施效果尤为明显，内部沟通团队现在越来越多地受到管理人员的邀请，去参与一些关键事务的讨论，并就如何通过沟通配合他们工作的问题提出建议。

评估

在整个计划过程中，每项内部沟通活动在设计之初就置入了评估的环节。这使得沟通团队可以获得活动效果的及时反馈，从中汲取经验教训，进而对下一步的设计思路和实施办法作出调整。前面已经介绍了各项沟通措施实现自己预定目标的状况，以及它们为公司内部沟通总体目标的实现所作出的贡献。此外，公司还对董事会成员以及主要高层管理人员进行了一次独立调查。调查结果显示，他们现在已经认识到了内部沟通团队对于公司的巨大价值。

到目前为止，公司已经通过集体访谈、问卷调查等多种渠道搜集了大量信息。这些信息都表明，公司在各项沟通目标上均取得了长足的进步。此外，公司还正在对计划实施过程中出现的一个特殊情况进行研究，即表现最积极的那家地区分公司不仅动员了 50% 的员工参加了"路演"活动，而且大力推进其他各项活动的开展，总经理还将内部沟通经理视为决策咨询专家，同时也是业绩最好的分公司。研究人员将作出评估，看看这种现象的出现究竟是纯属巧合，还是与这次沟通活动有所关联。但是内部沟通团队并没有因此而变得骄傲自满。它知道，有一些地方还做得不够理想。现在，它正在对公司的经营状况进行全面、深入地分析（这正是他们审查一切、彻底反思的基本原则的具体表现），以确定当前最迫切需要通过积极

沟通来加以支持的企业目标。与此同时，它还在致力于加强与经过了彻底重组和全面改革后的人力资源团队之间的联系，以确保公司人员管理和发展过程中信息的一致性和稳定性。

Gerald Corbett 这样评价道："作为公司的首席执政官，我需要所有员工都了解公司在朝着什么方向发展，以及为什么选择这个方向发展。因为这决定着他们能否为公司业绩作出积极有效的贡献。现在，我们的内部沟通将重心放到了企业经营的各项问题上面，而且正在全公司上下掀起一场影响深远的对话热潮。"

5

超越"顾客就是上帝"：
市场营销与公共关系战略

Beyond 'customer is king' : public relations
strategy in a marketing context

　　在过去的 10 年里，市场营销与公共关系的关系史可谓大起大
落、充满波折。事实上，它们在此之前就已经开始进行权力之争了。
科特勒和 Mindak 早在 1978 年就曾指出，为营销目的而进行的公共
关系活动有四个不同的层次。第一层次以小型组织，通常是慈善性
组织为对象。这些组织几乎从不将公共关系或市场营销活动交给外
部专业机构去做，这种情况直到近几年才开始有所改观。第二层次
主要以那些直接从事公共关系活动的政府机构为对象。第三层次以
那些小型制造企业为对象。它们经常聘请外部营销机构或让内部销
售人员去策划实施公共关系活动。第四层次以财富 500 强这样的大
型企业为对象。在这些企业中，公共关系与市场营销通常都是各自独
立的职能部门，尽管有时候两个部门之间也需要相互配合[1]。过去，

[1] 科特勒与 Mindak 在这篇名为《市场营销与公共关系：伙伴还是对手？》的文章
　　中，还将公共关系与市场营销之间的关系分成了五个可能的模型加以讨论：(1) 公
　　共关系与市场营销相互独立；(2) 公共关系与市场营销互有重叠；(3) 市场营
　　销为主，公共关系为辅；(4) 公共关系为主，市场营销为辅；(5) 公 (转下页)

市场营销与公共关系部门之间的协调由首席公共关系主管负责，后者直接向 CEO 和董事会汇报工作。现在，市场营销、广告和公共关系的计划与管理则都被纳入了整合沟通战略的范畴。

技能与知识

过去，获得沟通、广告与营销资格证书 [Communications, Advertising and Marketing (CAM) Diploma] 是进入公共关系领域的唯一途径。但是从 20 世纪 90 年代起，一种更具针对性的教育培训体系开始取而代之：公共关系协会 (Institute of Public Relations) 资格证书提供公共关系方面的资格认证，广告协会 (Institute of Advertising) 资格证书提供广告方面的资格认证，注册市场营销协会 (Chartered Institute of Marketing) 资格证书则提供市场营销方面的资格认证。在大型企业当中，市场营销、广告和公共关系部门的职能是相互独立的，但却都是作为企业整体沟通体系的一部分来进行管理的。也就是说，每个部门都有自己的战略目标，对利益相关者的划分和定位也各不相同，但是任何一个部门都不能损害企业的总体形象或声誉。当然，这三个职能领域也存在着一定程度的重叠。这种重叠不仅仅表现在它们彼此之间职能边界的相互重叠上面，而且也表现

（接上页）共关系与市场营销两者并重。尽管科特勒在这篇文章中承认，公共关系与市场营销是两个独立的学科，"解决营销问题的最好方法也许就是通过公共关系活动"，但总体上来看，他还是更多地认为，公共关系只是营销组合或促销组合的一个元素而已。——译者注

在它们都需要与企业的外部环境打交道。后一种重叠所造成的结果就是，每个领域都离不开对环境的监测与研究。尽管在这个过程中，它们的侧重点必须互有区别，以保证视角的多样性和信息的丰富性，但是这些不同观点最后必须重新加以整合，并与其他部门，如人力资源管理部门的战略目标联系起来，因为其他内部职能很多也与环境信息有关。

这三个职能领域的战略计划都需要经过环境分析、计划制订、计划实施、计划监控和效果评估几个阶段，而且每个领域都必须施以适当的控制。任何一个领域的控制出现问题，例如一个领域为了获得更多的预算或更高的地位，试图凌驾于另一个领域之上，都会对企业的公共关系战略造成威胁。然而不幸的是，实际情况却远非如此，不论在操作层面还是在学术层面，它们之间的明争暗斗都已经发展到了近乎白热化的程度。

企业信息系统

现在，随着互联网的普及，进出每个企业的信息流量均出现了大幅度增加，而且远远超出了公共关系人员的需求。因此，一个好的企业信息系统首先必须做到的就是，仅仅搜索和获取相关的信息，并在正确的时间将它传递到正确的地点，交由正确的人员进行分析处理。比方说，一个主要为了获取和使用相关的营销沟通数据而设计的信息系统，如果没有专业人员从沟通战略的角度对它进行调整和改进，就不一定能够满足广告或公共关系部门的信息需求，因为它在搜集信息的过程中可能会过分专注于顾客群体,而忽视了其他利益相关者。为了解决这一问题,有些企业建立起了大型的综合性的管理信息系统。与此同时,新技术的出现也使选择和识别关键信息的难度不断降低,从而为解决该问题创造了更好的技术基础。由于需要与顾客建立较为长期的关系,营销专业人员很早就认识到了对那些与建立相互理解、维持商誉有关的数据和信息进行系统性的设计、搜集、分析和汇报的重要性。过去,这种建立相互理解、维持商誉的努力只是被视为一种改善顾客关系或顾客公共关系的行为,现在则被越来越多地与顾客忠诚联系到一起,市场营销人员还为它发明了一个新的称谓:关系营销。

在环境扫描的过程中,市场研究人员会用很多种方法对环境进行分析和归类。说到这里,我们就不能不提到战略营销经常使用的一个基本假设,也可以说是营销哲学[1]的一个基本假设。因为不论具体方法如何,市场研究人员的环境分析很多时候都是以这个假设为基础的,即不论什么样的组织,它之所以能够存在,都是因为它在向别人提供某种形式的"产品"。这种产品既可能是某种实物,如饼干等快速移动消费品,也可能是一种由第三方提供、并由第三方(如政府)付费的服务,还可能是一种社区性服务或者为实现某个公益性目的而提供的服务。

---

[1] 科特勒在 1982 年提出,营销代表着一种基本的管理哲学,而且这种哲学不仅适用于营利组织,同时也适用于非营利组织。此后,他还提出了国家营销等的概念,进一步发展了这一思想。科特勒正是从这种营销哲学观出发,取消了公共关系在组织,尤其是非营利性组织这个公共关系传统上一直占有重要地位的领域中的独立地位,将公共关系纳入了大营销的范畴。——译者注

名称之争

前面曾经提到，市场营销与公共关系部门之间存在着激烈的竞争。其中有些竞争是由一个有关部门名称的问题而引起的，即各个部门是否应该根据各自的主要利益相关者或消费"公众"群体来确定自己的名称。尽管这三个部门：市场营销、广告、公共关系所使用的沟通工具和沟通技巧大同小异，但公共关系仍然在其中居于主导性的战略地位，因为它所关注的对象的范围比其他两个部门更为广泛，涉及更多的利益相关者或公众群体，即除了顾客之外，还包括竞争者、供应商、员工/雇主、社区、地方政府、中央政府，以及金融界、投资者和媒体。在一个组织中，只有独立的公共关系主管才有能力去管理所有这些不断变化着的利益相关者的关系，从而确保组织的战略沟通计划始终适应和服从战略经营计划的要求。

附加价值

公共关系中的附加价值评估技术[1]一直很受市场研究人员的重视。这是一个财务分析过程：首先对企业所在行业进行横向的分析，然后再对整个分销链进行纵向的研究，目的在于寻找那些可以

---

[1] 附加价值评估是一种价值链分析技术，用来评估价值链中各项活动的成本及为顾客创造的增加价值，即附加价值。——译者注

通过重新修改定位战略或重新设计销售组合来创造附加价值并获得竞争优势的地方。除此之外,还有另一项重要技术也是公共关系人员和市场营销人员经常要用到的,那就是市场细分。按照 Guiltinan 和 Paul(1994 年)的定义,市场细分是"识别相关市场上购买行为和购买动机具有高度相似性的顾客群体的过程"。不同细分市场的顾客群体对销售组合的反应存在很大差异。通过市场细分,企业可以将这些具有内部同质性和相互异质性的群体清晰地描述出来,并准确地到达它们,从而为获取利润奠定坚实的基础。与此同时,由于这些细分市场不会随时间迁移而轻易改变,营销成本的核定也有了一个可靠的基础。细分市场的分类是描述性的,是管理人员根据自己对顾客需求或需要的经验和了解,并结合手头掌握的顾客信息或顾客反应方式确定的。这些顾客信息中包括一些历史性数据,例如个人或团体的重复购买频率或品牌偏好。

沟通或传播理论是建立在临床心理学的各种感知模型基础之上的,而感知是公共关系模型的关键要素。现在,一种名为感知图[1]的技术受到了越来越多公共关系人员和营销人员的青睐。这种技术可以从心理学的角度分析顾客对产品各种属性的感知:把顾客对产品及竞争产品属性的感知列在一张二维平面图上,然后进行归组。这时候,产品的定位及其与竞争产品之间的关系就清晰地显示出来了。

在过去的 15 年中,最流行的理论也许要算是波特(1985 年)的五力模型。该模型原本是用来判定行业的赢利前景的,但与感知图技术和信息沟通技术结合到一起,它同样也可以用于对企业活动的

---

[1] 又译"知觉图"。——译者注

评价与监控。通过对特定产品属性，如价格与质量的分析，感知图可以揭示出市场上存在的空隙，从而帮助营销人员发现推出新产品的市场空间，或策划现有产品品牌战略或竞争战略。与此同时，感知图概念与五力模型的综合应用也要求企业必须将营销沟通与企业沟通整合起来，只有这样，才能够确保所有的产品宣传相互协调、符合企业沟通计划的战略目标，即如政客们常说的那样——"保持统一口径"。此外，在运用波特模型分析五种力量的过程中，企业还可以获得大量的公共关系信息，而这些信息对于沟通活动的研究、监控和评估体系的设计是非常有价值的（见图5.1）。

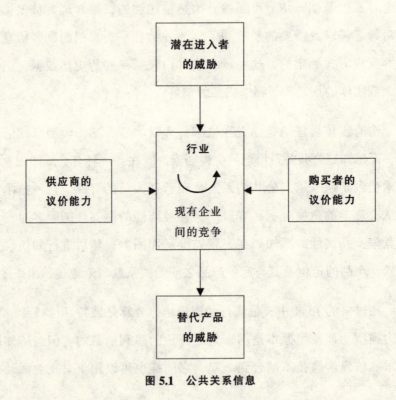

图5.1 公共关系信息

资料来源：波特（1985 年）

132

像波特这样的理论模型之所以重要,是因为它们集中研究了竞争者这个利益相关群体以及其中的子群体,详细地揭示了竞争者与企业以及它们内部的相互关系,例如现有竞争对手之间的竞争,新的利基市场竞争者的进入威胁,购买者和供应商凭借财务交易获得的影响力。这些模型充分揭示了竞争的复杂性和动态性,客观上向企业提出了短期和长期关系建设的要求。而后者正是公共关系活动,尤其是游说所关心的主要内容。

近些年来,公共关系界对营销公共关系技术在企业内部环境中的应用前景表现出了越来越浓厚的兴趣。他们已经逐渐认识到,企业内部同样充满着对工作和职位的激烈竞争,竞争者之间同样存在着非常复杂的政治性的关系,因此营销公共关系的某些技术也可以应用到企业的内部沟通领域当中去。

过去,企业内部关系一直被视为公共关系主管的工作范围。但是现在人们开始意识到,营销主管与其他部门的专家一样,也需要了解企业的政治气候、结构和文化。而且他们对文化、战略、权力和关系这些问题的认识和理解,是通过工作中的各种分析,分析市场上的顾客、分析与营销计划相关的组织结构、分析实施营销计划所需的跨部门协作关系来逐渐形成和获得的。

竞争优势

波特的竞争优势理论认为,企业必须对自己的实物资源、人力

资源、财务资源和无形资源，包括工厂、设备、人员和资金等进行综合评估，计算出各项活动为顾客创造的附加价值，以及它们最终为企业创造的附加价值。在对企业外部环境的分析中，波特进一步指出，企业必须时刻考虑自己在总价值链，即供应商、制造商、批发商、零售商、顾客中的地位。他还在此基础上提出了一个基本价值链模型（见图5.2）。

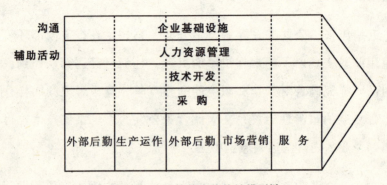

图 5.2　波特的基本价值链模型[1]

资料来源：波特（1985 年）

---

[1] 波特的基本价值链模型将企业的所有价值活动，即为顾客创造附加价值的活动划分为两大类型：基本活动与辅助活动。基本活动，即模型中最下一栏的五项内容，是指涉及产品或服务的物质制造、向顾客的转移以及售后服务的活动。辅助活动，即模型中最上四栏的内容，是指为基本活动提供辅助性服务的活动。各项辅助性活动不仅与具体的基本活动相联系，而且支持整个价值链，沟通即属于"企业基础设施"的一个组成部分。波特认为，企业的竞争优势既可以来自于这九项活动中的任何一项，也可以来自这些活动之间的联系，沟通就是其中一种非常重要的联系方式，而且这种联系不仅存在于企业价值链的内部，同时也存在于企业价值链与总价值链中其他成员的内部价值链之间。也就是说，沟通不仅作为一项辅助活动为市场营销等基本活动提供重要的支持，而且还通过价值链内部的联系以及价值链之间的联系，例如将企业创造附加价值的信息传播给顾客、从而让他们感知到这种价值创造着独特的竞争优势。——译者注

从这个模型我们就可以清楚地看出，为什么公共关系技术对营销人员而言是必不可少的。近年来，随着服务营销的发展和关系营销的兴起，越来越多的企业开始利用顾客知晓活动[2] (customer awareness programmes) 来配合传统的营销活动，即企业向顾客传送自己为其创造附加价值的过程。而这一时期正值世界经济全面衰退，很多企业纷纷撤销或精简自己的公共关系部门。这一巧合恰恰说明，尽管公共关系领域受到了严重的冲击，但是市场营销对公共关系技术的需求却依然存在。事实上，由于顾客掌控信息的能力的不断增强，以及压力集团的快速崛起，市场营销人员发现，自己必须调动起全部的学习能力，以最快的速度去掌握公共关系的相关技术。现在的顾客不仅可以熟练地利用各种 IT 技术和新闻媒体，组织性也得到了空前的增强，而且开始越来越积极地表达自己对产品或服务价值的要求。在这种情况下，如果某个产品或品牌受到了负面的公共宣传，不仅股东的投资信心会受到打击，企业的形象、识别或声誉也会受到影响，更严重的是，企业的公共关系战略也很可能会因此而受到损害。

因此，企业必须以企业使命或核心价值观为基础，整合各个职能部门与利益相关群体的沟通活动。公共关系主管的任务则是根据企业的愿景，即企业是什么或希望成为什么来分析各个职能部门的沟通目标，评估它们之间的协调性，并将它们与企业的经营计划整合起来。

---

[1] 这类活动的目的在于让现有顾客和潜在顾客知晓并了解企业的产品或服务，为顾客的决策提供更多的信息支持。因为如果顾客根本不知道某一产品或服务的存在，自然也就不可能去购买它。——译者注

波特从基本价值链模型出发，提出了三种通过顾客关系获得持久竞争优势的基本方法，即三种基本的营销战略：成本领先战略、差异化战略和集中化战略。这种战略营销与传统营销的区别在于，前者在将企业的总体战略转化为具体的市场战略的过程中，所依据的是顾客感知到的附加价值，而后者则完全以价格为主导。

事实上，格鲁尼格和 Repper（格鲁尼格，1992 年，第 6 章）等学者也曾指出，利益相关者在实现组织目标的过程中是一种相互依存的关系，而这种依存关系进一步说明了公共关系的战略性作用。

前面讲过，营销人员所面临的是一个充满变数而且非常复杂的市场竞争环境。在这种环境下，他们的很多选择都是战略性的。正因为如此，学术界也把研究重点放在了那些涉及战略性选择的问题上面，如目标市场战略、不同需求环境下的营销战略、不同市场环境下的定位战略和营销战略等。企业在选择这些战略的时候，必须充分考虑自己在市场中的地位（科特勒，1994 年），即它是市场领导者（拥有 45% 的市场份额）、市场挑战者（拥有 30% 的市场份额）、市场追随者（拥有 20% 的市场份额），还是市场利基者（拥有 10% 的市场份额）。同样，市场份额的大小对于企业的公共关系战略也有着非常重要的影响。

重叠

市场营销职能与公共关系职能的重叠除了前面几个方面之外，

还表现在快速移动消费品的营销活动，以及企业间营销活动当中。消费品营销通常以针对关键细分市场的大规模广告、促销活动为特征，目的在于树立品牌、加速创新与新产品开发过程。同时，消费品营销也很重视与价值链其他成员建立战略性关系，并积极寻求替代性分销渠道，如进行直接营销或网络营销。

企业间营销

在企业间市场或工业品市场上，关系营销是获得成功的关键。最重要的关系营销工具是展销会和交易展示会。科特勒根据对服务行业的研究，提出了一个由企业、员工、顾客构成的关系模型，以及三种战略性服务营销方式：内部营销、外部营销和互动营销[1]。在为一项服务制定营销战略时，营销人员必须首先识别并分析该服务的不同特性，使之与目标顾客的价值需求相符合，并为企业建立一个可能获得差别化或竞争性优势的定位。在服务营销活动中，公共关系的任务是确定该项服务或该企业的不同特性的优先顺序，然后以适当的方式将它们传递给目标顾客，并完成对企业的竞争性定位（见图5.3）。

---

[1] 外部营销即传统的企业与顾客之间的营销活动；内部营销是指企业与员工之间的营销活动，即企业主动关心员工，并向其推销"以顾客为导向"的观念，提高员工的满意度；互动营销是指员工与顾客之间的营销活动，即服务人员在传递"高水平的技术"的同时，也向顾客传递"高水平的感受"，即对顾客的关心、对服务的信心以及主动的建议等。——译者注

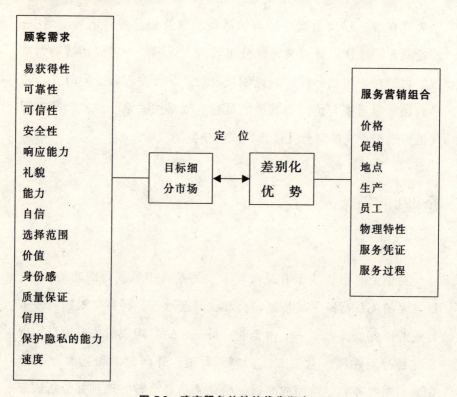

图 5.3　确定服务特性的优先顺序

资料来源：Jobber（1995 年）

评估

　　近年来，企业进入海外市场的步伐日渐加快。在这种情况下，战略性营销决策就需要根据全球性市场研究的结果作出。而且，营销人员在制定决策时，可能还需要综合运用因素分析和聚类分析方法，寻找不同国家细分市场之间的相似之处，以发现有价值的跨国细分市场。

而营销活动的日益国际化意味着，沟通信息往往要同时在多种不同的文化中发挥作用。这就对公共关系人员提出了新的要求。他们必须找到更有效、更快捷的方式来评估信息沟通的效果。在出口营销中，生产出来的产品是直接从本国对外销售的。在多国营销中，产品和服务既可以从本国向海外销售，也可以通过设在东道国内部的代理机构或子公司直接销售。在全球营销中，各个海外市场的营销战略则需要相互协调，以共同应对全球化竞争的威胁。在这种情况下，如何塑造一个全球化的企业形象，就成了摆在企业面前的一项战略性任务和公共关系战略计划的一个重要组成部分。而这项任务的完成需要营销部门和公共关系部门密切配合，例如一起设计企业的电子商务平台和促销网站。

效果

一项战略的效果很大程度上取决于控制和环境扫描的质量，因为企业的内外部环境时时刻刻都在发生着变化。而控制问题对于公共关系战略则显得尤其重要。我们知道，企业的沟通组合包括许多不同的要素，它们之间是相互依赖、相互作用的。然而营销部门在陈述自己的战略时，往往不能清晰、全面地阐明这些关系，结果导致沟通组合的各个要素无法相互协调，完成有效整合。有很多产品促销活动不但未能实现预定目标，反而给企业的沟通和公共关系带来了巨大的灾难，而营销部门在处理由此产生的负面宣传时，往往

也只关心它们给顾客带来的影响，而忽视了企业形象遭受的损失。

品牌理论与实践的发展为解决这一问题提供了一定的帮助，但同时也使人们在描述那些同时涉及市场营销和公共关系的活动的过程中出现了语义上的混淆。例如，Cravens（1994 年）就曾经这样定义产品："产品是任何能够向某一目标市场提供具有潜在价值的利益或满足（如实物、服务、组织、场所、人员、思想观念等）的东西。"这个表述不仅涵盖了有形和无形服务，而且还将除顾客之外的其他利益相关者也都包括了进来。

品牌促销（包括公司广告）是一种传统的公共关系手段。它不仅可以为产品增加价值，使之区别于竞争产品，同时也有助于完善企业的形象与识别。然而，很多营销人员并不这么认为，企业内部的其他一些职能部门对此也有异议。经常参与定价策略设计的财务部门就是一个很好的例子。由于信奉科特勒的观点，即"价格是营销组合中唯一创造收益的要素，而其他要素都是在制造成本"，财务人员对于所谓公共关系创造价值之类的说法通常都是不屑一顾的。

沟通工具

广告与公共宣传能够以较低的成本提高产品的市场认知度，尤其是在产品生命周期的早期阶段。而销售促进则可以激励顾客作出购买和重复购买决策，适用于产品生命周期的成熟或衰退阶段。表5.1 列出了科特勒有关沟通工具及其特征的观点。

140

表 5.1　科特勒有关沟通工具及其特征的观点

沟通工具	特　　征
广告	公开地、夸大性地进行表达，旨在说服顾客。主要形式：电视广告、广播广告、报纸广告、影院广告、杂志广告、印刷品广告、包装广告、海报广告
产品/服务促销	吸引注意，提供信息，激发兴趣，诱导顾客迅速采取行动。主要形式：竞赛、奖金、赠品、交易展示会、优惠券
直接营销公共宣传	直接向顾客销售，定制化服务，产品信息及时更新。主要形式：目录营销、直接邮寄营销、电话营销、网上购物
公共关系	可信度高，所发布信息更像新闻而非广告。主要形式：新闻发布会、研讨会、年度报告、赞助、游说
顾客关系（销售）	直接与顾客面对面接触，培养长期关系，鼓励顾客积极作出反应。主要形式：演示、奖励、样品、交易展示会

资料来源：摘自科特勒（1994 年）

　　Christopher 等学者（1994 年）指出，"关系营销同时关注如何获得顾客和如何保持顾客的问题"。他们还提出了一个理论模型，指出另外五个市场也会影响顾客市场的发展，即推荐市场、内部市场、供应商市场、雇员市场和影响者市场。营销人员要想赢得所有这些受众，就必须充分发挥公共关系部门的作用。从中可以看出，他们的工作正不断朝着利益相关者模型的方向发展，而且总有一天他们

会认识到，他们所研究的其实是公共关系，而不仅仅是顾客关系 (见表 5.2)。

表 5.2　走向整合的营销理念

从财务收益的角度看待营销活动	从附加价值的角度看待营销活动
交易营销	**关系营销**
关注单个交易	关注保持顾客
以产品特性为中心	以产品利益为中心
关心短期利益	强调长期利益
不很重视顾客服务	高度重视顾客服务
有限的顾客承诺	高度的顾客承诺
适度的顾客接触	高度的顾客接触
质量是制造部门所关心的	质量是所有部门都关心的

资料来源：Christopher 等（1994 年）

前面谈到过，由于外部环境随时都在变化，评估与控制对于任何政策、计划、战略的制定与实施都有着十分重要的意义。营销活动自然也不例外。通常情况下，企业每隔两三年就会对营销计划进行一次战略性的评估，以便为制定长期战略和进行中期市场分析提供决策依据。评估一般包括两项内容：从企业使命、目标和战略的高度出发对营销环境及营销活动进行全面的营销审计；审查企业的营销目标、营销战略、营销计划、营销计划的实施与管理。

绩效标准

营销活动的评估与广告活动、公共关系活动的评估一样，其目的也在于确定这些活动是否得到了有效的管理，以及特定的活动是否取得了预期的效果，而且它们都可能会用到一个很重要的方法：卓越性评价（excellence review）[1]。这种方法要求管理人员从外部寻找一些在经营绩效、伦理道德和社会责任方面表现优异的企业，以它们的成功做法即最佳实践为标准对自己企业的活动进行评价。除了这些方法及标准之外，营销人员常用的绩效评估方法及绩效标准还有：销售分析、市场份额分析、营销费用—销售额比率分析、财务分析和盈利率分析。整个营销活动评估往往需要耗费较多的人力物力，所得的结果将与企业预先设定的绩效目标进行比较。

绩效差距

经过一番比较之后，正面或负面的绩效差距就会显现出来。对

---

[1] 按照科特勒的分类，营销审计、营销战略（目标、计划）审查、卓越性评价（包括伦理与社会责任评价）都属于营销活动的战略性控制方式。但卓越性评价与前两种评估或控制方式有着很重要的区别：前两种方式从头到尾都是在企业内部进行的，而卓越性评价则是"由外而内"进行的。也就是说，在卓越性评价的过程中，企业必须将视野扩展到外部，从竞争者、社会公众及其他利益相关者的角度重新反思自己的活动和行为。——译者注

于企业而言，这些差距意味着新的机会或新的威胁。这个时候，营销人员往往就需要对本年度或更长期的营销计划进行修正，使它们重新回到与预期目标相符的正确轨道上来。但是首先，他们必须认真分析绩效评估过程中暴露出来的问题或症状，不能简单地将它们归于季节性或短期波动，而忽视其背后真正的原因。同时，他们往往还需要邀请公共关系或其他管理部门的咨询人员来共同参与。第三方的加入，尤其是对问题的解决，有着非常重要的意义。比方说，营销部门与制造部门之间的关系如果出现了问题，单靠这两个部门自己的能力往往无法有效地解决，而咨询人员可以为它们提供一个客观、公正的解决方案。这个阶段出现的问题通常有以下几种类型：产品是根据企业的技术能力而不是市场需求开发出来的；产品在市场上的销售业绩不理想；产品在技术上优于竞争对手，但是价格定得太高；过分注重某些产品属性，结果反而忽视了顾客的实际利益。为了解决这些问题，有些公司已经将研发部门和营销部门置于同一个领导的统一指挥之下，并将两个部门安排在相邻的办公室；而另一些公司则为特定的项目组建由两部门人员共同组成的协作团队。公共关系在这里的作用主要是，就内部或外部沟通工作提出自己的建议，并提醒大家注意沟通问题对企业识别的影响。

营销与制造

在日常工作中，营销部门与制造部门经常会发生很多摩擦或冲突。比方说，营销部门需要更大的生产能力，而制造部门则希望获得准确的销售预测;营销部门需要更快的反应速度,而制造部门则需要稳定的生产负荷;营销部门希望有充足的库存,而制造部门则需要进行成本控制;营销部门需要稳定的质量,而制造部门拿到的产品制造难度却很大;营销部门希望有更丰富的产品种类,而制造部门则需要足够的批量来获得规模经济;营销部门希望有低廉的价格和优质的服务,而制造部门要提供额外的服务就必须承担高额的成本;营销部门始终盼望着新产品问世,而制造部门则担心这将增加新的设计成本和生产成本。这些冲突的解决需要各个部门的领导具有高超的沟通技巧。不过,他们在进行这种沟通和交流的时候,却很少会意识到,自己其实是做着一些属于公共关系领域的工作。

综上所述,我们可以得出下面的结论:从战略的层面上看,企业沟通组合的所有要素都必须充分地整合起来;从战术的层面上看,不管在实施还是在评价过程中,公共关系活动与市场营销活动都需要使用一些相同的技术。

Smith 和 O'Neill (1997 年) 曾经这样说道:"营销工作过去一直都比较简单,正因为简单,即便把它们全部交给营销经理们去操作,也没有什么大碍。但是现在的情形完全不同了。企业管理和财务计划都必须以营销活动,即所谓通过管理顾客关系来创造价值为中心。企业要想在未来的竞争中赢得先机,就必须将营销完美地融入自己的每项职能中去。"这一点我们从下面的案例研究中就可以很清楚地感受到。

本章小结

　　在本章中，我们首先从环境敏感性、感知图和竞争优势几个方面，介绍了公共关系技术在市场营销领域的许多应用。然后，我们探讨了战略性公共关系的理念对市场营销的一些基本概念，如价值的影响。在有关品牌理论的论述中，我们还特别谈到了语义混淆的问题。最后，我们阐明了有效的控制对于沟通战略的必要性。也就是说，所有沟通活动（包括产品/服务广告）都必须整合到公共关系战略的框架之下。只有这样，才能保证这些活动相互协调、相互统一。

案例研究：Body Shop 加拿大分公司[1]

本案例经国际公共关系协会（IPRA）惠准使用

概述

1998 年，Body Shop [2]加拿大分公司（TBSC）决定推出一个全新的产品系列。该产品系列在成分中使用了大麻籽油，因而引起了一些争议。加拿大政府准备禁止其上市销售，这使得原定的产品发布活动极有可能变成企业形象和声誉的一场巨大灾难。但是公司从战略性公共关系的角度出发，结合加拿大的实际情况，本着坦诚合作的原则，对所有的营销沟通活动进行了果断的调整。结果，公司不但成功地推出了这种新的产品系列，还获得了积极的品牌效应。

这个案例充分说明了围绕一个统一的沟通信息，准备多个营销

---

[1] 该案例被评为国际公共关系协会 1999 年"全球最佳金奖（GWA）案例大赛"第十名。——译者注

[2] Body Shop 是全球化妆品行业中的一个颇富传奇色彩的知名品牌。它在短短的 20 年的时间内，由英国南部布莱顿小镇的一家小商店，发展成为了一个大型的跨国连锁企业，并为化妆品行业带来了很多前所未有的另类营销理念。它的 CEO 兼创始人 Anita Roddick 也是业界的风云人物。她原本只是一位普通的家庭妇女，没有任何与化妆品行业相关的知识背景，也没有接受过任何商学院教育，但是她将"爱与关怀"作为自己的经营哲学，率先提出并实践了"尊重人权、保护动物、保护环境"的 Body Shop 品牌精神，在竞争激烈的化妆品市场取得了巨大的成功。凭借着传奇的经历和独到的理念，她已经成为了女性创业者的杰出代表，在业界及普通公众中享有很高的声誉。——译者注

活动预案的重要性。

- 公司既实现了与一个利益相关者——媒体的密切配合和完美
  互动，同时又避免了与另一个利益相关者——监管机构的直
  接冲突。

- 公司利用它的 CEO 在公众面前的良好形象，使沟通活动获
  得了巨大的成功。

Body Shop 加拿大分公司

问题

1998 年 10 月，Body Shop 加拿大分公司（TBSC）推出了最新
设计的大麻系列化妆品。这是一个很容易引起争议的产品系列，因
为其中使用了大麻籽油。Strategic Objectives（SOI）咨询公司全程负
责市场发布活动的研究和策划工作。然而就在发布活动之前的 72 小
时，加拿大卫生部，即加拿大联邦政府的监管机构通知他们说，如
果公司坚持此次发布活动的话，这些含有大麻制品的化妆品将面临
被没收的危险。他们立即重新设计了全国范围内的营销活动，以及
原定的名为 "Maybe Yes, Maybe No" 的产品发布活动。结果，活
动推出后，在加拿大各地的媒体和顾客中间引起了巨大的轰动，销
售业绩也远远超出了公司原来的预期。

Body Shop 加拿大分公司在全国拥有超过 121 家专卖店，其产品

不仅质量优异,而且独具创意。此外,它在各种公众关心的社会问题上始终采取一种大胆、激进、挑战世俗观念的姿态。但是公司从来不做广告,它完全依靠顾客和媒体的口头传播来塑造品牌、增加产品知名度、拉动潜在需求和宣传公共形象。

研究

1998 年 3 月,TBSC 决定正式启动在加拿大市场推出大麻干性皮肤护理系列的工作。该系列产品首次将工业用大麻籽油的保湿、增湿特性应用到化妆产品中来,具有很强的创新性。在接下来的 8 个月中,公司与加拿大政府密切合作,以检验该产品是否符合有关大麻类产品的各种法律法规。最后,TBSC 大麻产品通过了法律要求的所有测试。9 月上旬,这些产品以及全部相关文件合法地运抵加拿大。

由于这是一种容易引起争议的产品,SOI 咨询公司的咨询人员对 Body Shop 以往的产品发布活动以及英国、意大利、美国的媒体和顾客对大麻的态度预先进行了详细地分析。他们必须确保加拿大的所有营销活动符合 Body Shop 总公司的全球发布计划。

在加拿大,大麻在媒体宣传中的形象一直是"一种新型农作物"、"加拿大农民的一个新希望"。SOI 咨询公司与国内专家,其中包括为 Body Shop 提供大麻籽油的国内供应商一道,对加拿大的大麻种植情况作了调查,并与联邦政府中大麻种植的主要支持者建立了联系。他们从中选择了一些比较有影响力、可信度较高的人物,邀请其参加 Body Shop 大麻产品的发布活动,以使公司有关大麻功

效的声明更具说服力。

计划

在大麻系列产品上市发布的前五周，BSC 决定继续坚持不打广告的一贯原则，并授权 SOI 咨询公司为其制订一项公关营销沟通计划。咨询公司最后将 1998 年 10 月 5 日（星期一）确定为媒体发布活动的正式日期，并邀请 Body Shop 总公司的创立人 Anita Roddick 参与有关的营销活动。他们将这次发布活动的目标确定如下：

- 介绍 TBS 大麻系列产品，解释其在干性皮肤护理方面的奇特功效以及其安全性，并获得媒体和顾客的信任；

- 制造有关产品的各种正面新闻，以期在顾客中掀起购买热潮；

- 回答公众有关大麻的各种疑问，管理有关大麻的各种负面报道，在大麻产品与它备受争议的亲戚——大麻毒品之间划清界限。

然而，一件意想不到的事情使得这个公共关系沟通战略变成了一个危机管理计划：加拿大卫生部突然宣布，如果 TBSC 在发布活动或在商店推出这些大麻系列化妆品，它们将被没收。TBSC 收到这个消息的时候，距离原定发布日期仅剩 72 小时了。在产品系列安全性突遭质疑的情况下，咨询公司的当务之急是通过有效的营销沟通来保护 Body Shop 的声誉和品牌形象，并重建公众对于大麻制品可靠性的信心。由于这些新的问题，发布活动现在必须：

- 以独具匠心的创意和稳妥周密的解决方案迎接这场挑战，捍卫 TBSC 的良好声誉；

- 以创造性的沟通和先发制人的手法将目前的困境变成一场新的胜利；

- 向所有的利益相关者证明，出色的营销技巧可以创造奇迹。

沟通

在接到委托之后，咨询公司为 TBSC 度身打造了一个媒体组合。其主要特点如下：

- 将趣味性和知识性相结合，不仅详尽地描述了 TBSC 独家奉献的大麻系列产品的各种特点，而且还介绍了人类在过去几千年中种植和使用大麻的历史。

- 制作了一套产品画册，里面加入了一张真实大麻叶的图片。由于加拿大政府的法律禁止大麻叶离开大麻种植园，这张照片是在一家种植园里现场拍摄的。

- 预先构想了媒体和顾客就大麻和大麻毒品之间关系可能提出的各种刁钻问题，并精心准备了相应的答案，以帮助 TBSC 的发言人和专卖店店员准确地解释它们之间的区别。

目标公众

所有这些沟通组合的最终目的只有一个，即到达 TBSC 的目标顾客，那些受过良好教育的加拿大成年女性，向她们介绍大麻系列化妆品，鼓励她们试用并到就近的 Body Shop 专卖店去购买。为此，咨询人员与加拿大主要的新闻媒体进行了广泛的接触。其中既有本地性媒体、地区性媒体，也有全国性媒体；既有时尚类媒体、健美保健类媒体、商业类媒体，也有生活类和零售类媒体。此外，他们还与加拿大国内报道大麻问题的记者、营养保健专家、时尚记者建立了联系。

别具一格的事件策划

1998 年 10 月 5 日（星期一）的媒体发布仪式上，他们将邀请各大媒体光临现场，共同见证和庆祝世界上第一种大麻类化妆品的诞生。1998 年 10 月 8 日（星期四），大麻系列产品将在加拿大的 121 个 Body Shop 专卖店全面上市。为了彰显 TBSC 挑战传统、特立独行的企业文化，突出产品含有大麻这一特点，并展示大麻的丰富功效，咨询人员引入了事件营销的概念，并制订了完整的公共关系计划以提高公众对产品的认知度：

- Anita Roddick 安排了整整一天时间来接受媒体采访：从凌晨 6:40 就开始，最后一次采访安排在当天午夜的电视节目中播出；

- 咨询公司预先编制了一组饶有趣味的有关该产品的背景新

闻,取名为"大麻媒体事件",然后提前两周以传真的形式发送到多伦多的各大主要媒体,并在正式活动前三天(星期五)再次通过加拿大新闻专线(Newswire)发布了这些消息;

- 咨询公司又给各个新闻媒体以及主要的大麻使用倡导者分别发送了一张更加正式的、印制精美的邀请卡,并随卡寄送了一包用大麻籽做成的精美小吃;

- 发布活动的举办地址选在了多伦多的一个以反主流文化色彩著称的饭店——Gypsy Co-op;

- 咨询公司组建了强大的支持大麻合理使用的发言人阵容。其中包括:Body Shop 创始人 Anita Roddick,TBSC 总裁兼合伙人 Margot Franssen,大麻立法的积极倡导者 Lorna Milne 议员,专门研究大麻籽油对提高化妆品功效的作用的营养保健专家 Kelly Fitzpatrick 和 TBS 大麻籽油供应商、加拿大大麻种植园主 Ruth Shamai;

- 为了展示大麻植物用途的广泛性,咨询公司特意从国外采购并进口了合法的大麻酒、大麻啤酒、大麻饼干、大麻织品、大麻衣物以及用大麻制成的各种食品;

- 咨询公司还根据大麻系列产品的特点制作了一组精美的展示牌,并设计了一个以大麻叶图案为素材设计的产品标志。

战略化
公共关系 *Public Relations*
Strategy

实施

1998 年 10 月 2 日（星期五）上午 11:30，咨询公司接到了加拿大卫生部的一个电话，建议他们和 TBSC 取消原定于下周一举行的产品发布活动。对方在电话里说，加拿大卫生部担心这次活动会对大麻作出"过度宣传"。如果他们执意举行这次发布活动，TBSC 的大麻产品可能会遭到没收，而且卫生部还可能会以触犯相关法律的罪名起诉 TBSC 和 SOI 咨询公司。在这种情况下，原来的营销沟通计划被迫进行了全面修改：

- TBSC 迅速组建了一个由本公司相关人员、律师和咨询人员共同组成的跨部门危机沟通团队，对继续举行产品发布活动的利弊进行了分析；

- 他们整个周末都在不断地与加拿大卫生部进行磋商，寻找解决问题的方法，同时让 TBSC 的员工和特许经销商保持联系，随时待命；

- 他们向加拿大卫生部提出要求，希望在周一（发布会的既定举办日）上午安排一次紧急会晤，同时将 Body Shop 总公司的大麻专家 David Hitchen 博士用专机接至多伦多，想利用他的知识说服加拿大卫生官员；

- 他们建议 TBSC 坚持 Body Shop 品牌一贯的坦率、真诚的精神，在星期一的发布活动中不要使用任何的大麻产品以及咨询人员原先为这次活动起的名字："Maybe Yes, Maybe No

大麻产品发布会";

- 他们把这一情况通知了各位发言人，以便他们重新考虑是否继续参与这次发布活动。如果继续参与，则请他们相应调整自己的发言稿。整个周末，这种沟通从未中断过。

在周末的短短两天时间里，他们几乎对"Maybe Yes, Maybe No 大麻产品发布会"的每一个环节都作了重大的调整：

- 重新撰写了全部的新闻材料。

- 准备了两套发言方案：如果加拿大卫生部届时能够准予 Body Shop 加拿大分公司推出这种产品，使用第一套方案；如果加拿大卫生部宣布该产品不能上市，则启用第二套方案。

- 考虑到加拿大卫生部担心大麻制品的"过度宣传"，大麻食品、大麻酒和大麻啤酒被临时从招待餐会的菜单中取消，代之以更加传统的膳食。

- 为了打消加拿大卫生部的顾虑，展示牌上的产品名称统统被遮盖了起来。

- 为了不让任何人"试用"该系列产品，咨询公司用胶水将那些大麻产品与展台粘到了一起。这样一来，任谁也不可能去试用或拿走它们了。

- 咨询公司原来为这次发布会特别制作了一个名为"大麻全接触"的宣传手册，为了打消加拿大卫生部的顾虑，将其中介

绍产品的页面也都用胶水粘了起来。

- TBSC 公司的发言人和高层管理人员，包括 Anita Roddick 在内，都在发布会前一天晚上听取了有关事态最新进展的报告。

发布会当天大事列表

- TBSC 邀请许多关心大麻控制的行动主义者，在 SOI 咨询公司举行了一次紧急会晤，现场回答了他们提出的众多问题。

- 早上 6:00，公司发布了一条最新消息，告诉媒体活动内容已经发生了改变。6:40，Anita Roddick 在加拿大广播公司现场直播的全国性电视节目 Newsworld 中，正式宣布了大麻系列产品上市受阻的消息。

- 来自各大电视台、主要杂志、报纸和广播电台的记者对这次事件进行了全方位的报道。

- 这次大麻产品发布成功地实现了重新定位，成为各大媒体的爆炸性新闻。

- TBSC 向媒体介绍大麻产品的神奇功效，并邀请了一组来自公司外部的专家来证实它的观点。

- 公司在渥太华与加拿大卫生部举行了一次紧急会晤，并请 Body Shop 总公司首席化学家、TBSC 合伙人 Quig Tingley 在会上发言。

- 为了配合中午的媒体发布会，公司通过新闻专线又发布了一条有关会晤进展的最新消息。

发布会所取得的效果

- 发布会当天，从早上直到深夜，加拿大国内的各种新闻媒体一直在不间断地播出 TBSC 大麻系列化妆品问世的消息。在随后的几周里，有关 Body Shop 大麻产品的报道仍然频频出现于各大媒体之中。

- 目标公众从早上一起床直到深夜的幽默性电视访谈节目 Mike Bullard，随时都可以通过媒体获知有关大麻产品的关键营销信息。

- 加拿大卫生部受到媒体的群体"围攻"：它们纷纷到卫生部查询有关此次事件的相关情况，并要求卫生部就此发表一个正式声明。

- TBSC 与卫生部的紧急会晤取得了积极的成果。当天下午6：00，事情得到了最终解决：卫生部批准 Body Shop 加拿大分公司销售其大麻干性皮肤护理系列化妆品，同时撤回了查没该系列产品的警告。

- 公司马上通过新闻专线发布了这个好信息。

- 公司向主要的保健及美容媒体记者发送了一组完整的新闻稿件，同时附赠了一份大麻化妆品的样品，因为现在它已经获得了合法的身份。

公司原先曾预约了一家名为 Grassroots Advertising 的专业海报公司，请它在多伦多、蒙特利尔、温哥华市内各处的招贴板上张贴 TBSC 大麻产品的海报。但是后来由于加拿大卫生部的突然发难，这次预约被临时取消了。当该系列产品获得正式批准之后，公司马上再次约请了这家公司。

挑战

由于加拿大卫生部在最后关头作出了"可能禁止"TBSC 大麻系列产品销售的决定，TBSC 和 SOI 被迫启动了危机管理模式，在周末马不停蹄地重新设计了整个活动和所有沟通信息。由于 320 个小时的工作被压缩到了短短的两天，危机管理团队的所有成员几乎都没有时间去休息。在当时的情况下，最重要是要确保 TBSC 不违背相关法律，并与加拿大卫生部密切配合，通过磋商找到一个解决办法。对于 TBSC 而言，既不认错妥协也不取消原定发布活动是一个非常冒险和大胆的决策，但是却符合公司一贯的文化传统。公司面临的挑战不是如何设法将"禁售令"的危害降至最低，而是如何在不损害 TBSC 与加拿大卫生部官员之间关系的同时，进行一次令人难忘、充满趣味、大胆狂放的市场发布。这一系列的营销沟通活动不仅展现了 TBSC 在公共关系活动中透明、开放的坦诚作风，而且成功地化解了这场大麻风波。在此过程中，它吸引了广泛的媒体关注，从而使各项关键信息可以及时得到传播。

评估

在 Body Shop 的这次 "Maybe Yes, Maybe No" 大麻产品发布活

动中，所有营销信息都顺利地到达了公司的目标公众。事实上，它成为 TBSC 成立 20 年来最为成功的产品发布之一。营销活动为公司带来了大量新顾客，而且据店内营业员报告，几乎每个顾客都是先听到了 TBSC 大麻系列产品上市的消息，然后专程前来"看货"的。产品的销售情况远远超过了公司原来的预期，许多产品不到一个月就出现了全国性的脱销。这个产品系列大大提升了 TBSC 的品牌价值，并为 TBSC 树立了新的形象，即化妆品行业锐意创造的开拓者和大麻制品可靠性的有力证明者。

　　媒体覆盖率也是一件不得不提的事情。从东海岸到西海岸，广播、电视或报纸都对这次活动给予了极大的关注。仅第一周内就有 183 次图文及电视报道见诸上述媒体，为 TBSC 做了大量的正面宣传，总到达人数超过 1190 万。各大主要的美容专业杂志也对此事做了积极的报道，从而进一步刺激了顾客的需求。这次活动的广告等效价值（Advertising Equivalency Audit Value），即公共关系活动效果测评的三大指标之一高达 130 万美元。

　　这次活动之后，TBSC 和 SOI 公司的信誉和业绩都得到了很大的提高。TBSC 当年的销售形势非常喜人，SOI 也获得了很多新的公共关系客户。而更重要的是，它们与加拿大卫生部之间的关系也得以继续保持良性、积极的发展。

6

时间、智慧与创造力：
多媒体背景下的公共关系战略

*Time, talent and creativity: public relations
strategy in a multimedia context*

今天，大众传播媒体已经成为我们每个人生活中的一个不可或缺的重要成员，公共关系人员自然也不例外。而且随着电信技术和信息技术在全球各地的迅速发展和不断整合，它们的作用将来还会更加重要。互联网就是一个很典型的例子。没有任何人，更没有任何企业能够预言这种变化将把我们带向何处。但有一点我们可以肯定，那就是，媒体将对每一个企业的存亡成败产生举足轻重的影响。

现在，大型企业一般都聘请有专门的公共关系公司去留意媒体动向，并与媒体记者、媒体所有者以及其他一些能为企业目标的实现助一臂之力的传媒界关键人物进行沟通。大多数企业都期望借此来建立一种防御性的、不平衡的媒体关系，即实现对媒体的监视。而一些精明的企业则看得更远，它们将其视为建立一种创造性的、平衡的媒体关系的契机。透过这种关系企业可以及时获得各种信息，从而更好地适应时刻变化着的外部环境。

161

大众传播

大众传媒对企业的作用是绝不可低估的。麦奎尔[1](1994 年）为了说明媒体对社会的重要性，曾经指出媒体具有五项特征。理解这些特征，有助于现代企业更好地设计自己的公共关系运动。它们分别是：

1. **媒体是一种权力资源**。这是因为，媒体是当今社会传递信息的最主要的手段，同时也是最主要的信息源泉。这一特征对于企业非常重要。如果一个心怀不满的股东想罢免董事会的某一个成员，他们很快会发现，由于企业管理人员掌握着大量的媒体资源，自己很难突破这张无形的权力网，与其他股东互通声气。

2. **媒体是公共事务的舞台**。这一特征似乎对那些经常成为媒体追逐的焦点的政府机构更为重要，而与企业没有多大关系。然而我们都已经看到，在近期的许多牵涉政府部门的企业间的纠纷中，当事各方都把媒体当成了论战的大舞台。

3. **媒体是定义社会现实的重要力量**。这个说法乍看起来非常含糊，让人难以捉摸。但是麦奎尔这样解释道，媒体可以构建

---

[1] 丹尼斯·麦奎尔是英国著名的社会学家，现任荷兰阿姆斯特丹大学教授。他采用社会学方法研究传播现象，著有《大众传播模式论》、《大众传播理论导论》等，对传播理论和媒体理论的发展作出了很大贡献。——译者注

社会的文化和价值观念，将它们存储起来并用各种手段去表达它们。社会对企业现实的认识来源于两个地方：通过与企业的直接接触，如果有可能的话获得的有限的个人印象，以及经过媒体选择并呈现的形象和印象。而且媒体的不同部分所要建构的社会现实也各不相同。比方说，在英国，BBC广播公司的"金钱"节目[1]呈现给观众的是一个企业可以肆无忌惮地相互竞争以追逐利润的世界，而对其中所包含着的尔虞我诈的资本主义逻辑没有流露出一丝一毫的批评态度。然而，左翼出版物所表现出的却是一种完全不同的现实。在那里，大企业领导者们的动机和社会责任感受到了深入的剖析和深刻的质疑。

4. **媒体是获取声誉和知名度的主要手段**。过去，企业对媒体这方面的作用并不特别重视。但现在，已经有越来越多的企业领导者开始主动利用媒体去塑造一个良好的公众形象。就连那些撰写战略管理理论教科书的作者们也未能免俗，他们如今都已经成了声名远播的"大师"，整日里忙于在世界各地巡回演讲。

5. **媒体是界定社会规范的一把标尺**。这一点对于那些正为伦理问题所困扰的企业尤为重要。如今的企业正面临着许多全新的社会规范，例如关心环境、承担社会责任等。过去，经济利益一直被摆在至高无上的地位，致使环境保护群体的呼吁始终得不

---

[1] 该节目以谈论金钱、赞美金钱、表现金钱的万能为主旨。有时候，主持人甚至会站出来大段大段地歌颂法郎、卢布、德国马克、澳大利亚元。——译者注

到回应，处于一种被忽视、被边缘化的尴尬境地。但是现在，媒体定义了一个新的规范，在这个规范下，企业必须保护日益受到威胁的环境，并将其作为衡量管理工作好坏的一项标准。20 世纪 90 年代早期，英国 Shell 公司就因为将一个位于北海的 Brent Spar 号储油平台废弃后沉入深海的计划，给自己惹上了很多的麻烦。尽管它事先已经考虑到了环境问题，并为此进行了周密的成本收益分析，但最后还是因为媒体的介入而被迫放弃了这一看上去几乎无懈可击的计划[1]。为了分析媒体与社会之间的关系问题，麦奎尔提出了一个二维四象限模型，来总结各种截然相反的理论观点（见图 6.1）。

以媒体为中心/以社会为中心

上图的纵轴显示的是两个截然相反的观点：以媒体为中心的观点关注媒体自身的活动领域，并将媒体视为导致社会变迁的主要力

---

[1] 20 世纪 90 年代初，Shell 公司决定把行将退役的 Brent Spar 号储油平台沉入海底。这项"沉没计划"前后经历了 30 项科学考察，得到了专家认可，并获得了英国政府的正式批准。然而 1995 年 4 月 29 日，一批自称为"绿色和平组织"的环保主义者突然闯入了该平台，坚决反对"沉没计划"，认为放射性残渣将污染此地的环境。事件发生后，Shell 公司将绿色和平组织告上了法庭，指控对方非法侵入他人领地。结果，媒体很快介入进来，使这项普通的诉讼演变成了激进主义者的一场"环保总动员"，各国相继出现了抵制 Shell 公司的联合组织。在媒体和民众的巨大压力下，英国政府不得不出面干预，迫使 Shell 公司放弃了该项计划。——译者注

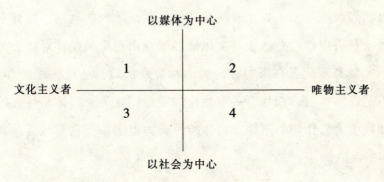

图 6.1　媒体—社会关系模型

资料来源：麦奎尔（1994 年）

量；以社会为中心的观点则认为媒体的价值仅仅在于反映更广阔的政治、社会和经济现实。横轴则代表两种相反的研究方法：文化主义者强调文化和思想的力量，唯物主义者则强调物质力量和物质因素。麦奎尔认为这两个维度是相互独立的，并由此提出了图 6.1 所示的关于媒体与社会关系的四种不同的观点。

文化论/唯物论

　　企业沟通战略对媒体—社会关系的看法对公共关系人员处理媒体关系的方式有着重要影响。按照媒体—文化论的观点，企业应该将重点放到媒体信息的内容和接受过程上面。比方说，如果企业为了告诉公众"本企业为环境改善作了很大贡献"而发起了一项公共关系运动，那么它就要关心绿色运动的积极分子是否接收到了这一信息，以及是否是以企业所期望的方式去接受的。媒体—唯物论的

165

观点则强调新技术，如互联网对公共关系活动所能利用的媒体渠道的推动和决定作用。社会—文化论的观点则更重视媒体对社会的作用，尤其是新闻界在影响社会舆论和公众的政治态度方面的作用，而不是媒体本身。而社会—唯物论的观点则认为，媒体是社会的经济和物质力量作用的产物，媒体的影响力也来源于它对经济、物质现实的反映。

修辞与现实

如今的大型企业都离不开大众传播，尤其是以广告形式出现的大众传播。借助各种传媒，它们不仅要向公众通报产品和服务信息，而且还要传递各种有关企业的现状及价值观的信息，尽管这些信息有时所反映的并不全是真实客观的情况。Nicholas Ind（1997年）指出，公共关系活动的战略作用与广告大同小异，"因为它的职能也是提高产品或企业的知名度和美誉度，只不过它的可控性不及广告"。他还举出了美国反奴隶制协会（American Antislavery Society）为例。该协会成立于1833年，是世界上公共关系战略使用最早、时间最长的组织之一。它在成立之后，不仅出版自己的报纸，召开公共集会，散发各种反对蓄奴的宣传手册，而且还积极游说各州立法机构和美国国会，要求采取行动废除奴隶制。"即使在美国内战结束之后，该协会仍然四处奔走，要求以宪法修正案和民权法案的形式，保护那些新获自由的奴隶们的正当权益。它的这些活动直接促成了废除奴隶制的第十三修正案的通过。"

"大众"一词根据政治倾向的不同，会给人以积极的、消极的或者中性的联想。比方说，在社会主义者的修辞形态中，"大众"有着积极的含义，因为它被视为一股非常强大的进步社会力量；当这个词与上世纪 30 年代的独裁者们联系到一起时，指的则是一个臣服于个人主义和精英主义的文化价值观之下的消极被动的群体。而在传播学的语境中，"大众"则是一个庞大的、没有差异的中性的公众群体。此时，大众一词所暗含的是一种不平衡的关系，因为信息接收者几乎没有任何机会与其他信息接收者们分享自己的感受。这种情况直到最近，随着新技术，如网络聊天室的出现，才开始有所改观。

媒体沟通

战略性公共关系通常采取的是多元主义[1]的立场和程序式的战略理念，因此它们不可避免地会在某个或某些特定的阶段需要大众媒体的参与。大众传播有许多不同的模型，了解这些模型有助于公共关系主管更好地理解媒体的作用：

1. **传递模型**。这种模型认为，传播就是传递既定数量的信息，传递过程遵循发送者—信息—传递渠道—接收者的程序。但

---

[1] 麦奎尔在讨论媒体与社会的关系时，提出了一个重要的策略：控制与多元。控制主义论者认为媒体掌握在少数精英或优势阶层手中，信息的来源受少数人控制，大众在媒体面前是被动的、极度依赖的；多元主义论者则认为，媒体的信息来源是多方面的，大众对媒体的接受是主动的、有选择的。——译者注

这种程序现在受到了挑战与质疑。传播学家指责它过于简单，认为信息传递过程实际是按照另一种程序进行的：社会事件与声音—传递渠道/传播者—信息—接收者。也就是说，大众传媒的作用不是去创造信息，而是选择一组社会事件，然后加以报道。

2. **仪式或表现模型**。前面这个模型事实上暗含着一个理论假设：传播过程都有一个工具性的目的，即信息总是要实现某一特定的事情。但是有些时候，传播是以一种仪式的形式出现的，用来表现一种共享、参与、联合、团结的精神，一种对共同信念的认同。许多广告运动就是以这种方式来使用大众传媒的：它们并不传递有关产品或服务的信息，而是将其与某个被视为社会公认价值的东西联系到一起。例如，黄油产品可能会在广告中与工厂酿造的啤酒同时出现，以再现田园生活和乡村酒馆的传统意趣。

3. **宣传模型**。该模型认为，发送者并不想传递任何东西，而仅仅是要获得视觉或口头上的关注。这个时候，媒体在公众眼中并不是获取信息的源泉，而只是逃避乏味的日常生活的一种工具。大众媒体的这种特征对许多组织都很有意义，尤其是像绿色和平组织这样的非营利机构。它们可以通过紧张刺激、夺人耳目的影视画面，例如一艘摩托艇从一条日本拖网渔船的船头前面疾掠而过，来吸引媒体受众的注意力。

4. **接受模型**。该模型认为，任何有意义的信息都是由一系列的符号组成的，而这些符号的意义取决于接收者或译码者所作出的选择。接收者或译码者并不一定非得接受那些被发送的信息。相反，他们可以将自己的解释加诸于这些信息之上。由此可见，接受模型更强调那些参与信息传播过程的人们的编码和译码过程。

任何企业的公共关系政策都少不了有关媒体关系的部分。说到这里，我们就不能不谈谈"公共关系"这个词自身的身份和声誉问题，这个问题一直让英国公共关系协会倍感苦恼。很多人对公共关系都颇有反感，因为在他们眼中，公共关系就是组织制造烟幕以隐藏其行为背后的真相的过程。在政治领域中，公共关系人员已经变成了"抬轿专家（spin doctor）"的代名词，其唯一职能就是转移批评者的注意力，从而保护其主子免受公众的质疑。这种"粉饰"、"矫欺"的负面印象也使营销领域常使用缩写形式的"公关（PR）"一词深受其累，人们已经很少再将其视为是一门建立在可靠、可信的实证方法之上的严谨的学科。有识之士纷纷指出，这种负面联想已使得这一职业的处境变得非常尴尬和艰难。正因为如此，教育界现在通常都尽可能地不使用这个缩略语，正如不把注册会计师（chartered accountancy）称为"注会（CA）"一样。

新技术

在影响企业战略的诸多因素中，全球化的趋势和新技术的发展有着非常重要的地位。它们不仅导致了全球化市场的兴起、遍及世界各个角落的传播网络的建立，而且也使压力团体发展得更为壮大，使竞争的概念变得更为宽泛。在这样一个动荡不定、流变不居的环境下，战略层面的计划已经成为一件近乎不可能的事情，因为风险管理的概念差不多已经失去了它赖以指称立意的根本。如今，就连各个国家都对控制自己国内的经济日益感到力不从心，一个无国界的世界日渐清晰地凸现在人们面前，同时也带来了日益严峻的挑战。

大多数公共关系从业人员如今都已经认识到，公共关系运动必须从全球化的高度进行计划，同时必须以本土化的方式实施。而所谓"本土"，指的是存在于一国之内或几国之间的一个根据企业的经济运作范围界定的地域性概念。由此可见，随着国家这一范畴的意义在全球化经济中受到越来越多的质疑，现代跨国企业的"国家"色彩也正在不断褪去。Reich（1990 年）曾以 Whirlpool 公司和 Texas Instruments 公司为例来说明这一点。Whirlpool 在全世界共有 43500 名雇员，分别来自 45 个不同的国家，而且绝大多数都不是美国人；而 Texas Instruments 把大部分的研发、设计和制造工作安排在东亚进行。Reich 最后在结论中指出，一个企业要想适应全球化经济带来的竞争挑战，就必须将员工的技能和日积月累的学习视为自己最宝贵的资产。

Jolly（1996 年）指出，要想拥有一个真正的全球化公共关系战略，企业除了必须具备全球化的运作资源之外，还必须具有选择性竞争能力。所谓选择性竞争能力是指，企业既有能力在自己选择进入的任何市场中成功地进行竞争，同时也善于选择自己希望竞争的市场。只要机会出现，它随时可以到任何一个市场上去攻城略地，而且它随时都在全世界范围内寻找这样的机会和市场。如果按照前一章介绍的营销模型分析的话，我们可以发现，这样的企业对于所有的全球化市场都是潜在的新进入者。

全球化思考，本土化行动

这样的企业不论在世界上任何一个地方的市场上进行竞争，都会调用自己在全球的所有资源去共同应对。这样，即便它完全是遵照本土化的规则去开展竞争的，顾客也知道自己打交道的是一个全球化的对手。所以，全球化战略不等于标准划一的产品市场战略。这种战略假设全世界是一个同质的、无差异的统一市场。同样，全球化战略也不等于全球性存在。如果企业在一个国家的竞争行为与它在另一个国家的竞争行为毫无关联的话，那么这种所谓的"全球化"竞争就跟它与国内对手之间的竞争没什么两样。此外，全球化现在已经不再只是大企业的专利，随着互联网的兴起，小企业也同样可以开展国际业务。

未来展望

现在去评估互联网可能带来的全部影响还为时过早。但是它在某些方面的战略潜力已经是毋庸置疑的了：企业既可以把它当成一个信息渠道使用，来发布信息、促进沟通；还可以把它当成一个交

易渠道使用。而要使用互联网，网页就必须不断地更新，企业也就必须通过投资获得良好的多媒体能力。企业网站管理中的这类设计和研究工作为很多公共关系代理公司和咨询公司提供了广阔的发展空间。不过，互联网的使用也给企业沟通带来了新的挑战。因为网络环境下的公共关系活动很难通过严格苛刻的定性和定量的方法的去加以评估，这就大大增加了公共关系计划工作的复杂性。如果这个问题不解决，"全球化思考，本土化行动"的口号就会沦为空谈。

电子商务与公共关系理论

电子商务及企业沟通的快速发展在公共关系界引起一场激烈的争论。人们开始怀疑，公共关系是否已经降格为一种单纯的营销工具，是否已经不再具有从战略性的高度管理企业整体公共关系行为的能力。受这种怀疑的影响，许多企业纷纷将公共关系部门更名为企业沟通部门。

这场争论最终的结果究竟会如何，目前还无法预料。不过以作者之见，目前争论各方的观点可以概括为三个基本的公共关系理论模型（见表6.1）。

表 6.1 基本理论模型

特征	基本理论模型		
	古典式公共关系	职业式公共关系	企业沟通
职能边界	控制源	分散	集中
影响范围	古希腊、古罗马、战前的美国	战后的美国、英国与欧洲	全世界
意识形态	家长式作风	集体主义	个人主义
任务	公众控制	系统管理	利益相关者关系管理
与高层管理当局的关系	提供行政支持	提供建议并负责执行	提供战略支持
职责范围	公共事务	公共关系	全方位沟通
职员的地位	下属	雇员	专家
与媒体的关系	社会性交往	合法性交往	精神共鸣
工会/社会团体的作用	无足轻重	摩擦对抗	合作共进
变革	缓慢	适度	持续
市场地位	受到保护	相对稳定	激烈竞争
组织对环境的基本态度	维持稳定	成本至上	相互依赖

企业沟通咨询的主要职能

那些为客户提供企业沟通咨询服务的公司通常执行以下这些主要的职能，见图 6.2：

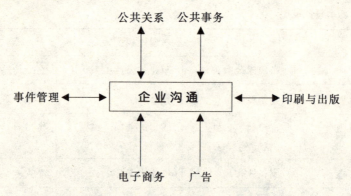

图 6.2　企业沟通咨询的主要职能

企业沟通理论模型

　　企业沟通可能要算是当今大学中学科交叉程度最高、学科跨度最大的研究领域之一了，因为它的研究是建立在以下这些学科（至少是其中部分学科）基础之上的：

政治学

经济学

哲学

语言学与符号学

文化研究

心理学

社会学

计算机科学

研究方法

信息管理学（包括图书馆学/档案检索学）

媒体研究（包括大众传播学）

广告学

市场营销学

商业研究（包括交易理论研究）

管理学（包括变革战略研究）

人力资源管理（包括组织行为学）

法学

伦理学

这方面的研究有些大学归入媒体艺术系，有些则归入企业管理系。媒体或艺术领域的研究人员对于公共关系，往往侧重于从如何为突发事件或宣传等公关活动制作新闻、影片、广播和摄影作品的角度去讨论，而管理领域的研究人员则往往从企业管理的角度去讨论它，强调计划与控制的作用。至于具体的操作或实战技能，

则跟会计、营销和 IT 等领域的情形一样，主要通过培训师或企业管理人员偶尔举办的讲座习得。

电子商务

学习企业沟通这门课程，需要对电子商务的技术原理和实施方法有深入地了解。具体内容包括：电子商务的类型及实施；相关法律问题；安全、认证技术；各种网络协议以及其他有助于知识经济时代的企业充分利用互联网潜力的知识。这些知识是沟通咨询人员必须掌握的，因为他们的任务就是为客户提供建立在网络学习（e-learning）基础之上的战略性企业沟通方案（参见表 6.1 中"与高层管理当局的关系"一栏）。此外，沟通咨询人员还必须了解价值链分析技术、价值链内部及之间的沟通问题以及电子化（e-enabled）价值链或供应链的作用。

走向整合的沟通

在 20 世纪 90 年代短短的 10 年间，由于传播技术"进入市场的时间"由原来的 20 年锐减到了 6 个月，传统的电信行业出现了空前的整合。这种整合使得企业沟通咨询成为最能赚钱的一个职业，因为所有行业都必须努力地去适应由此带来的企业文化乃至整个商业文化的迅速变化。由此可见，企业沟通不管在理论上还是在实践中，都是既高度分散又日趋整合的。这就要求咨询人员既要有丰富的实践操作能力，也要有卓越的战略性思考能力。

公共关系

现在我们再重温一下英国公共关系协会所给出的一系列定义："公共关系的核心是声誉，即你所做的事、你所说的话以及别人所说的关于你的话共同造成的总体结果"；"公共关系实践属于一种追求声誉的活动，其目的在于赢取公众的理解和支持、影响公众的观念和行为"；"它是为建立和维持一个组织的商誉及其与各个公众之间的相互理解而进行的有计划的和持久的努力"。

从中我们可以发现，这些定义有着非常丰富的内涵，能给人以很多的启示。而且，新技术的发展也给它们注入很多新鲜的意义。正因为如此，在前面讲到的那场关于公共关系的身份、地位的大争论中，英国公共关系协会的许多成员都反对将公共关系这个词改为企业沟通。他们认为，上面的这些定义已经足以涵盖电子技术的影响问题。说到底，这些技术仅仅是提供了新的工具和手段，并不会改变公共关系本身的含义。

然而，我们也必须承认，新技术的出现确实使企业沟通或组织沟通活动的管理发生了全面而深刻的变化，而沟通正是这些活动最核心的测量指标。如果从这个角度来看，企业沟通一词确实能更好地概括组织，尤其是大型组织在这方面的理论和实践。

战略化
公共关系 *Public Relations*
Strategy

本章小结

  通过本章的学习，大家应该认识到，企业在制定公共关系战略时，必须充分考虑当今媒体的特征以及互联网的重要作用。此外，本章还提出了一个可以用来对各种公共关系理论进行比较的分析框架，并结合大众传播模型的分析，讨论了公共关系信息传播与宣传之间的区别。最后，本章给出了一个企业沟通模型，并分析了新技术的出现对企业沟通活动的影响。

案例研究：英国 Gestetner 公司[1]

本案例经国际公共关系协会（IPRA）惠准使用

概述

本案例介绍了一场成功的公共关系运动。在这场运动中，公共关系人员充分考虑了权力、政治、社会现实、身份、伦理等五大战略要素，通过完美的沟通战略、对电视和互联网等多种媒体形式的综合运用，成功地帮助企业改变了自己的形象和使命。

特点

● 它在维持公司既有的诚信可靠的声誉的同时，重塑了公司的形象和识别；

● 它在满足短期营销目标的同时，实现了更长期的战略目标，即重获 IT 领域内的竞争优势；

● 它通过大量创造性的沟通方式，成功地到达了众多不同的利益相关群体，如媒体、顾客、雇员等。

---

[1] 该案例被评为国际公共关系协会 1999 年"全球最佳金奖（GWA）案例大赛"第一名。——译者注

Gestetner 公司

问题

● Gestetner 是英国的一家专门经营数字办公设备的老牌公司，其业务遍及欧洲各地。1998 年，公司在一次调查中发现，在这个数字化浪潮风起云涌的时代，Gestetner 被顾客们视为是落后和过时的代名词。然而，现实情况则与之完全相反，公司一直在不遗余力地提供各种前卫的、创新性的数字设备。因此，摆在它面前的当务之急就是，将这一事实遍告全国，并使之为 IT 经理们所知晓。此前公司一直把传播受众锁定在办公设备采购经理这一客户群体上面。

● 在 1998—1999 财年，Gestetner 推出了一系列全新的数字技术产品，它们的性能令其他竞争者望尘莫及。这为 Gestetner 重塑形象提供了极好的机会。

研究

● Gestetner 聘请了一家公共关系咨询公司——Communication Group 来帮助其谋划此事。咨询公司决定发起一场公共关系运动，把 Gestetner 定位为一家"充满创造力"、"前卫"、"在行业内居于领先地位"的公司，同时突出它的数字技术背景。"数字"被确定为这次活动的关键词。

- 咨询公司与客户共同商定，以一种创造性的手法来策划这次沟通活动，即举办一次艺术活动，借此来展示 Gestetner 在数字技术领域的卓越能力。

- 咨询公司利用各种媒体和互联网，对英国最优秀的数字艺术专家进行了调查，并进一步与皇家艺术学院、伦敦科学博物馆、当代艺术学院和密德萨斯 (Middlesex) 大学取得了联系。

建议

经过缜密的调查，Communication Group 公司最终提出了一个方案：在皇家艺术学院组织一次以"艺术与技术"为主题的设计比赛，并在比赛的开幕式上用一件意境新奇、不落俗套的数字艺术作品来"抛砖引玉"，以激发学生们的想象力。举办这次比赛的目的是为 Gestetner 树立"引领数字技术潮流"的形象。开幕式将在伦敦科学博物馆举行，随后的学生作品展则安排在皇家艺术学院举行。公司对这个方案非常满意，并将这场公共关系运动命名为"Gestetner 数字艺术之旅 (Gestetner Digital Art Experience)。"

计划

目标

- 将 Gestetner 公司定位成数字技术潮流的引导者；

- 将这一定位信息传递到公司的商业目标市场，并让关键购买决策人，尤其是 IT 经理们能够近距离了解 Gestetner。

战略化
公共关系 *Public Relations*
Strategy

目标公众

这次活动的目的是通过与关键目标市场的高频率接触，为公司创造新的市场机会。因此，Communication Group 公司确定了以下的主要公众：

- IT 经理（工商企业）：这是一个新的、然而却非常关键的公众，因为他们现在负责着办公技术的管理工作，如系统整合。这次活动将使他们了解并信任 Gestetner 公司的数字技术能力。

- 采购经理（大型企业和政府部门）：这次活动将巩固 Gestetner 公司与现有的五个主要客户之间的关系，同时创造新的业务机会。

咨询公司和 Gestetner 还确定，此次活动中最终要接触到的目标客户的数量为 1 万个。

具体计划

- 整个沟通活动经由两个阶段实现：首先向皇家艺术学院的学生提出挑战，要求他们运用数字技术创造艺术作品；然后展出获奖作品。咨询公司不仅将这一计划向 Gestetner 公司的管理人员作了汇报，同时还通告了公司的销售团队，因为激励和鼓舞公司的销售及营销人员本来就是这次活动的一个重要组成部分。后者对其非常欢迎，视之为创造性地接近现有客户和潜在客户的一个绝佳机会。

- 咨询公司设计了一个详尽的时间表，确定了各项主要活动的起止日期：比赛开幕式、学生提交设计稿、展出最终获奖的数字艺术作品。

实施

计划实施

咨询公司首先与皇家艺术学院进行了协商，议定在该院计算机辅助设计系的学生中发起一次数字艺术比赛，然后又约请著名数字艺术家 Julie Freeman 创作一件数字艺术作品，以激发同学们的想象力，并作为这场比赛正式启动的标志。

第一阶段

- 数字艺术家 Julie Freeman 应邀创作一件前所未有的数字艺术作品。这件作品必须具有充分的互动性，具有强大的视觉震撼力，同时还必须使用 Gestetner 公司的数字技术。

- Julie Freeman 果然不负所望，使用最先进的数字技术创作出了一件长达 50 英尺的互动式数字艺术作品："Gestetner 数字浪潮 (Digital Wave)"。它可以捕捉观众的体态图像，并通过一组波浪形放置的电脑向前传送，在传递"途"中将图像不断变形，最后在 Gestetner 公司的彩色打印机上复制出来，赠予顾客作为这次"数字之旅"的留念。

- 咨询公司为各种媒体度身定做了一整套的新闻素材（包括摄

影图片)，以广泛宣传"Gestetner 数字浪潮"问世的消息。这次宣传的媒体覆盖面非常之广，既有艺术记者、IT 记者，也有办公设备行业期刊以及全国性报纸和电视。

- 咨询公司邀请 Gestetner 公司的 10000 多名客户代表，以嘉宾的身份参加伦敦科学博物馆举行的开幕仪式。在这次活动中，Gestetner 公司公开展示了"Gestetner 数字浪潮"，并宣布面向皇家艺术学院学生的数字艺术挑战赛正式开始。各位嘉宾的年幼子女也在邀请之列，这不仅为整个活动平添了不少轻松、欢乐的气氛，同时也强化了它的教育意义。

- 皇家艺术学院院长 Christopher Frayling 教授站在一座高悬半空的钢桥上，向与会嘉宾发表了讲话。

咨询公司在征得艺术家本人的同意之后，将"Gestetner 数字浪潮"继续在当代艺术学院展出了一段时间。此后，这件作品还参加了 Gestetner 数字办公设备展，这是在曼彻斯特大学理工学院（U-MIST）举行的一项旨在展示现代办公环境的活动。

第二阶段

- 皇家艺术学院的学生们开始创作自己的数字艺术作品，其主题是"信息流动与管理"。

- 最后，共有 10 件作品被制作成了实物模型。其中有 5 件被选入了在皇家艺术学院举行的获奖作品展：
  a. 变形（Displace）——这是一个能根据特定空间内人员密

度的高低自动调整大小的充气立方体，是为了防止过度拥挤而设计的。

b. 时空大挪移 (Beam Me Up Scotty[1]) ——这是一个构思奇巧的电子化"向导"。游客在参观博物馆或画廊的时候，只需用它将一束光投射到展品上面，就可以随时获得有关该展品的各种信息。

c. 巴甫洛夫的箱子 (Pavlov´s Box[2]) ——这是一件装置艺术品，旨在通过实验的方法，提供互动式的"行走"体验，研究人们在公共空间中的移动方式。

d. 3 分 20 秒 (3´20″) ——这是一项非常有趣的活动。观众可以下载各种数字信息，来创作自己的三维图像和声音作品。参加者需要相互配合，共同完成创作。

e. 导航 (Navigation) ——这是一套能够显示博物馆内不同展区的人员密集程度的系统。参观者可以借助它来确定游览各个展区的先后次序。

---

[1] "Beam Me Up Scotty" 这个短语出自美国著名的科幻系列电视剧《星际迷航》(Star Trek) 中的一位太空人。时，这位太空人大喊一声："Beam Me Up, Scotty"，接着一束光照射下来，他就幻化消失了，并于转瞬之间出现在其他地方。这个情节所描述的是一种"远距传物 (teleport)"的状态。——译者注

[2] 这件作品的创作灵感来自于俄国心理学家伊万·巴甫洛夫的条件反射理论，目的是要探索人们在一个公共空间内的行为选择和行为控制模式。设计者将一个房间的地板划分为九格，每格下面放置一个压力感应器，每个感应器则分别与一台电脑相连接。当观众在不同的地板格上走动时，压动脚下相应的感应器，产生的脉冲信号传递到相连的电脑键盘上，通过一个电脑程序，激发出不同的声光效果。——译者注

- 上述获奖作品在皇家艺术学院进行了公开展览。咨询公司还特为此次展览举办了一次隆重的开幕会，并邀请 Gestetner 公司的客户代表及各个媒体的代表亲临现场。

- 客户代表及媒体代表的招待工作也经过了精心策划：不仅特意为他们准备了"Gestetner 数字艺术之旅"获奖作品的展览专场，而且还邀请他们晚上到紧邻皇家艺术学院的皇家艾伯特音乐厅去观看歌剧《托斯卡》。

效果评估

- 1998 年 10 月，"Gestetner 数字艺术之旅"在伦敦科学博物馆正式拉开序幕；1999 年 2 月，获奖数字艺术作品展在皇家艺术学院举行。两次活动均吸引了大量主流媒体的关注，成为传媒追捧的焦点（见表 6.2）。同时，它们在现有客户及潜在客户中也产生了巨大的影响，为 Gestetner 公司的销售人员创造了很好的接近市场的机会，并为他们赢得了大量的订单。

- "Gestetner 数字浪潮"先后 19 次见诸各种行业性媒体，并在四个网站上亮相，其中包括《明日世界》、《Blue Peter》和《旗帜晚报》的网站。

目标公众接触

- 对于这场公共关系运动，一个很重要的评价指标就是 Gestetner 公司通过"Gestetner 数字艺术之旅"到达其目标市

表 6.2　媒体宣传

广播媒体	受众	全国性印刷媒体	发行量
BBC 第一频道《明日世界》节目	6 000 000	《泰晤士报》（包括网络版）	760 400
BBC 第一频道《Blue Peter》节目	3 700 000	《卫报》（包括网络版）	391 238
BBC 新闻 24 频道		《独立报》（包括网络版）	220 968
天空电视台《Blue Screen》节目	77 000	《每日快报》	146 000
BBC Radio 5 Live	715 000	《旗帜晚报》	453 600
伦敦广播公司《Steve Allen Show》节目	36 000		

场中的 1 万名关键公众的次数。结果证明，它在这方面做得非常成功。通过全程的巧妙"安排"，Gestetner 公司与这个重要的公众群体进行了多次接触：

a. 请对方出席开幕式；

b. 邀请对方参观获奖作品展；

c. 寄送一张绘有"Gestetner 数字浪潮"图案的明信片，其中顺带提及了 BBC"明日世界"节目对该作品的报道；

d. 出席开幕式和获奖作品展；

e. 寄送 Gestetner 公司的两期主要介绍此次活动的新闻通
报——"Insight"；

f. 寄送一张绘有"Gestetner 数字浪潮"图案的圣诞贺卡；

g. 媒体全面报道。

● 在此次活动期间，Gestetner 在英国市场上的产品销量增加了
25%，是公司有史以来增幅最大的一次。

客户满意度

Gestetner 公司总经理 Nigel Palmer 这样评价道：

我们赞助"Gestetner 数字艺术之旅"活动的目的有两个：宣传
我们在数字技术领域的领先地位；展示这种技术在改变工作环境面
貌、激发艺术创造力方面的巨大潜力。

这次活动在这两方面都取得了非常可喜的成效。它不仅为我们
创造了大量的与现有客户和潜在客户进行直接接触的机会，使我们
在各种主流媒体上面获得了很高的曝光率，而且还为我们的销售活
动创造了良好的外部环境，使我们的销量得以迅速增长。

Communication Group 公司的工作让我们非常满意。它们不仅
在活动策划上极具创意，对活动过程的管理也十分有效，而且整个
活动的宣传工作也组织得相当出色。由于它们的精彩表现，我们的
预设目标最后全部得以实现。

精品管理图书推荐

管理也是平的

[英]苏珊·布洛克
菲利普·怀特利 著
张猛 译
出版：中国市场出版社
定价：48.00 元

本书提供了成为表现出众的管理人才所需要的十大策略。如果不能经常亲身接触你的团队成员，那么团队成功的关键在于团队成员之间的良好沟通和密切协作。本书采访了众多领先的国际型经理人和商业领袖，以充分又非常实用的资料帮助管理者们：

● 有效利用新技术与同事们保持密切接触；
● 为自己在生活和工作之间建立并保持可以接受的平衡；
● 不论团队成员分散在何处，都能有效地领导和激励团队；
● 适应变化，不让自己落伍。

好好经营你自己
——建立和营销你的个人品牌

[英]托马斯·盖德
安奈特·罗森克鲁兹
熊晓霞 黄琼 译
出版：中国市场出版社
定价：36.00 元

打造卓越的个性生活！

无论你走到哪里都要充满信心。你必须出色，必须具有个人影响力。了解你所代表的品牌，你将从其他人中脱颖而出。

本书的目的不仅仅是帮助你建立自信，而且还要帮助你在生活中找到自尊。告诉你为什么你会与众不同；作为一个人，你在社会上赖以立足的是什么？

做公司
——创业人写给创业人的
经验、教训和心里话

[英]大卫·霍尔 著
贾利军 郭景华 译
出版：中国市场出版社
定价：48.00 元

一本企业家写给企业家们看的书

作者通过50个来自世界各地的企业案例的分析，就企业如何树立企业精神为企业家们上了生动的一课。

● 学会像企业家那样去思考和做事。
● 学会从白手起家创建有价值的企业。
● 对现存企业重新加以改造，恢复企业生机。

好好营销你自己
——获得加薪与晋升的
19 个要点

[英]罗斯·杰伊 著
刘蕾 译
出版：中国市场出版社
定价：36.00 元

作为自身价值的体现，你希望从上司那里得到比现在更高的报酬。也许，你想让单位给你配一辆汽车（或者配一辆比现在更高档的汽车）；享受较长的休假；也许，你想要一个更大、更好的办公室，或者是希望每周有两天在家工作的时间。

所有这些额外好处和报酬的增加都基于相同的规律：你的老板认为你是有价值的，他们看好你、重用你。那些在职场上得到更多、升职更快的人懂得并掌握获得加薪和晋升的两个关键要素：

● 自身具备加薪和晋升的条件。
● 知道如何提出加薪和晋升的要求。

公司董事会的工作和责任

[英]安杰拉·文特
德斯·古尔德 著
卡莱娜·雷卡尔丁
何昌邑 等译
出版：中国市场出版社
定价：48.00 元

　　事实上，培养具有战略眼光只是一位董事必须掌握的新技能之一，被任命为"董事"的人中，极少有人获得入门训练或个人培训。

　　书中所述的措施和运作方式在许多行业和公司证明是行之有效的。本书包括：

- 公司管理失误及误判；
- 变化中的董事会角色；
- 董事会的工作和责任；
- 培养和培训公司董事及对董事会的培训。

　　虽然本书是为董事写的，但其中许多原则和观点对其他高级管理人员同样有用。

公司常务董事的工作和责任

[英]克里斯·皮尔斯 主编
段佳陆 等译
出版：中国市场出版社
定价：48.00 元

　　一本关于董事怎样从全局着手处理董事会和公司事务的常备手册和重要参考书

　　在变化日益迅速，竞争愈趋激烈的时代，为了应对外部环境的发展和变化，加快企业自身的应变能力，更好地承担对股东和其它利益关联方的责任，公司董事起着越来越重要的责任，担负着越来越重要的工作。同时，指导、培训和激励那些未来成为董事会候选人的经理们的也非常重要。

领导向左，管理向右

[英]彼得·瑞德 著
姜法奎 等译
出版：中国市场出版社
定价：48.00 元

　　领导者是能够做正确事情的人；管理者则是能把事情做正确的人。两个角色都至关重要，但二者截然不同。经常看到位于高层职位的人能把错误的事情做好。许多公司所面临的关键问题之一是它们缺乏领导，也就是被过度管理。

　　本书论述了公司运作中最重要的也是近年来经营管理理念中的重要问题之一：

　　领导还是管理？

领导如何激发员工的创造力

[英]约翰·沃特莫尔 著
陈然 朱荔 译
出版：中国市场出版社
定价：48.00 元

　　作者约翰·沃特莫尔为我们揭示了怎样激发人的潜能，使之具有创造力和创新性，并有效引导的秘密。他在对科学研究与开发、运动与表演以及视觉和平面艺术的最新成果研究基础上，强调了以下几方面的重要性：

- 充分利用个人的技能与才能；
- 给个人以空间，而不是试图控制他们；
- 支持并帮他们发展。

关键管理模型

[英]史蒂文·坦恩·哈韦 等著
李志宏 译
出版:中国市场出版社
定价:60.00 元

◆ 全球 70 位顶级管理咨
   询师的核心理念
◆ 最具影响力的 56 个关键的管理模型
◆ 企业管理思想和管理实务的核心
◆ 提升企业绩效的管理工具与实践

　　56 个经典的管理模型,从作业成本会
计法到价值链分析,从持续改善、管理费用
价值分析、标杆分析等重要管理工具,到贝
尔宾、汉迪、科特、明茨伯格等管理大师提出
的经典模型

　　5 大类模型,包括战略管理模型、组织
管理模型、基本流程管理模型、职能流程管
理模型以及人员管理模型,帮助管理者理解
不同模型的真谛

精英团队

[英] 安迪·博因顿   著
     比尔·费希尔
杨颖 译
出版:中国市场出版社
定价:48.00 元

◆ 非凡的音乐剧制作团队
◆ 激情洋溢的发明团队
◆ 百折不挠的探险团队
◆ 杰出的爵士乐创新团队
◆ 知名的全球化商业团队

● 培养团队文化,确立团队目标,领导团队
  行动。
● 拓展顾客,拓展团队,实现宏伟目标。

激励

[英]罗德里克·格雷 著
丁秀芹 冉永红 等译
出版:中国市场出版社
定价:48.00 元

● 9 个组织与个人的优秀
  绩效的测试点
● 1 个实现最佳绩效的完整的体系拼图
● 20 个展现优秀绩效测评相关主题
● 380 个与绩效测试主题相关的切合点

　　对管理者来说,激发员工的干劲和潜能
的秘诀在于如何使设定的目标与员工的期
望相一致,本书提出了培养员工奉献精神、
激发员工更大潜能的管理手段。

用数字管理公司

[英]理查德·斯塔特利 著
李宪一 等译
出版:中国市场出版社
定价:68.00 元

清华大学客座教授、量化
管理专家、夸克顾问公司
总裁王磊推荐

◆《金融时报》权威出版机构推荐授权
◆ 中国企业全面提升的必由之路
◆ 精细化管理的有效保证

● 战略需要数字作依据
● 细节需要数字作说明
● 经营需要数字作评估
● 管理需要数字作指南

《战略化公共关系》出版销售信息

欢迎洽谈出版发行事宜

中国市场出版社：中国经济、管理、金融、财务图书专业出版社

中国市场出版社发行部　010–68021338

中国市场出版社读者服务部　010–68022950

中国市场出版社网站　www.marketpress.com.cn

中国图书团购网：中国企业图书采购平台，为学习型组织服务

www.go2book.net

当当网　www.dangdang.com

卓越亚马逊网　www.amazon.com

九久读书人　www.99read.com

全国各大新华书店

各大城市民营书店

北京卓越创意商务管理顾问中心　010–62103112

对本书有任何意见和建议请与我们联系：zhuoyuechuangyi@sina.com